Massimiliano Afiero

Tunisia 1943
Gli ultimi combattimenti dell'Asse sul fronte africano

Tunisia 1943

Tunisia 1943

Quando si pensa alla guerra d'Africa, la mente corre subito alla battaglia di El Alamein come ultimo atto della presenza delle forze italiane e tedesche in sul fronte dell'Africa Settentionale. In realtà, pur considerando la battaglia di El Alamein un colpo mortale inferto alle forze dell'Asse, è pur vero che la guerra sul suolo africano si protrasse per altri sei mesi, durante i quali i reparti italo-tedeschi furono impegnati in durissimi combattimenti sul fronte tunisino, combattendo contemporaneamente su due fronti, contro le forze inglesi dell'8ª Armata britannica e contro quelle anglo-americane sbarcate in Nord-Africa nel novembre del 1942. Infatti subito dopo lo sbarco delle forze alleate in Marocco ed in Algeria (Operazione Torch) tra l'8 e il 16 novembre 1942, affluirono in Tunisia numerose forze dell'Asse per fronteggiare questa nuova minaccia. Le forze alleate avevano sperato in una facile passeggiata per arrivare a Tunisi ed invece furono affrontate tenacemente dalle truppe italo-tedesche, subendo alcune pesanti sconfitte e lamentando numerose perdite. Nel frattempo, le forze italo-tedesche in ritirata dall'Egitto, si attestarono sulla linea del Mareth, in Tunisia, per fronteggiare l'8ª armata di Montgomery. Le forze italo-tedesche si ritrovarono quindi a combattere sia a nord sia a sud del fronte tunisino, contendendo ogni palmo di terreno al nemico. Sid Bou Zid, Kasserine, Sbeitla, Medenine, El Guettar, Uadi Akarit, Enfidaville sono solo alcuni nomi delle località dove si svolsero le principali ed epiche battaglie sul fronte tunisino, nel corso delle quali i reparti dell'Asse ed in particolare quelli italiani seppero fornire una grande prova di valore e combattività e questo fino all'ultimo, quando ormai le sorti della campagna erano già segnate. Abbiamo accompagnato la narrazione degli eventi selezionando tutte le foto disponibili negli archivi pubblici e privati per documentare quanto più possibile dal punto di vista iconografico la campagna e calare il lettore direttamente sui campi di battaglia.

Massimiliano Afiero

Tunisia 1943

Il generale Giovanni Messe sul fronte tunisino, 1943.

Tunisia 1943

Cap. I) Fronte tunisino

Mentre i reparti dell'Asse stavano ritirandosi ordinatamente dalla Libia verso la linea del Mareth, contemporaneamente i generali Nehring e von Arnim riuscirono a fermare le truppe alleate che provenivano dall'Algeria. Già alla fine del mese di dicembre del 1942, le forze italo-tedesche in Tunisia avevano raggiunto la forza di circa centomila uomini: notevoli soprattutto i rinforzi corazzati, tra i quali un battaglione di carri pesanti equipaggiato con carri Tigre, lo *Schwere Panzer Abteilung 501*.

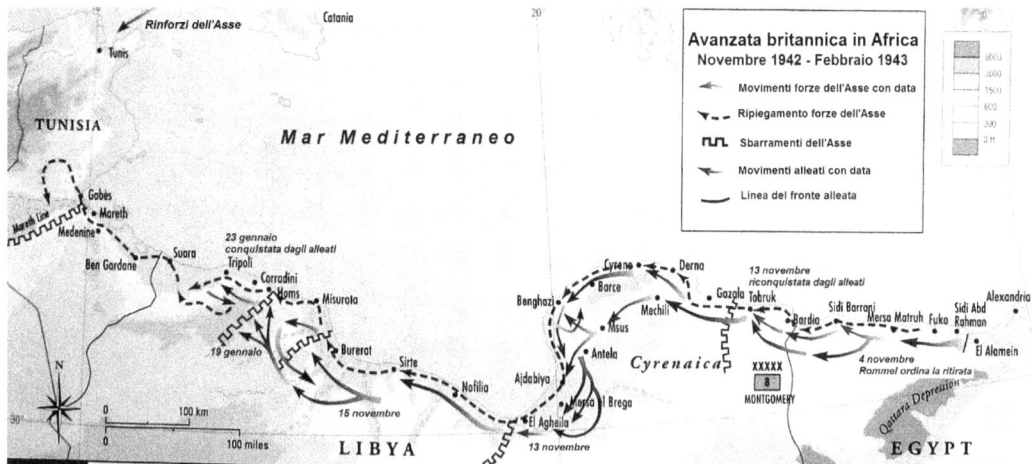

Il generale Hans-Jürgen von Arnim, a sinistra nella foto, si congratula con un soldato tedesco dopo un'azione condotta con successo contro le forze alleate, Tunisia 1943.

Grazie a queste forze, venne costituita la 5. *Panzerarmee* (5ª armata corazzata) al comando del generale Hans-Jürgen von Arnim che, in attesa dell'arrivo delle residue forze di Rommel dalla Libia, lanciò una serie di offensive locali per rinforzare le sue posizioni difensive, infliggendo pesanti sconfitte alle deboli forze francesi passate con gli Alleati e riconquistando anche le importanti posizioni sulla dorsale orientale dell'Atlante, con le operazioni *Eilbote I* (21-23 Gennaio 1943) e *II* (30 Gennaio-3 Febbraio 1943). Il 31 gennaio 1943, von Arnim ottenne un altro importante successo conquistando, con l'appoggio della *21. Panzer-Division* proveniente dall'armata di Rommel e riequipaggiata con nuovi carri

Tunisia 1943

armati, la posizione del passo di Fa'id dopo aver sconfitto le truppe franco-americane. Il 9 febbraio, più a sud, dopo violenti scontri, le forze italo-tedesche riconquistarono anche la gola di Maknassy, costringendo le truppe americane a ripiegare su Gafsa.

Alcuni *PzKpfw.III* tedeschi in un villaggio in Tunisia, 1943.

Uno dei carri Tigre arrivati sul fronte tunisino, 1943.

Queste ultime sconfitte, convinsero Eisenhower a rinunciare ai suoi piani di offensiva su Sfax partendo da Fāʾiḍ (operazione *Satin*) e a preoccuparsi principalmente di riorganizzare le sue forze costituendo il 18º gruppo d'armate al comando del generale

Tunisia 1943

Harold Alexander. Inoltre, il timore di un possibile intervento della Spagna al fianco dell'Asse, costrinse il comando alleato a mantenere notevoli forze in Marocco per fronteggiare una eventuale offensiva nemica dalla penisola iberica.

Sbarco al porto di Tunisi di alcuni carri italiani M14/41, novembre 1942.

L'impiego delle forze italiane in Tunisia

Il capo carro di un M41 sul fronte tunisino (USSME).

Ai primi di novembre del 1942, le prime unità italiane a sbarcare in Tunisia furono il 10° Reggimento Bersaglieri, un battaglione paracadutisti, il DLVII gruppo semoventi da 75/18 ed i battaglioni anticarro CI e CXXXVI. La divisione corazzata *'Centauro'*, anch'essa arrivata ai primi di novembre, cedette il suo XV battaglione alla divisione di fanteria *'Superga'* e poi alla 50ª brigata speciale. Il XIV e XVII battaglione carri e l'unica compagnia del XVI battaglione che raggiunsero l'Africa settentrionale, furono assegnati al *Raggruppamento Cantaluppi* (agli ordini del generale Gaetano Cantaluppi), che comprendeva ciò che restava dell'*Ariete* e che, all'inizio del 1943, fu

Tunisia 1943

ribattezzato divisione corazzata *'Centauro'*, rinforzato con il 7° Reggimento Bersaglieri, il gruppo da ricognizione *'Lodi'* e il Raggruppamento artiglieria *'Volpi'*.

Una coppia di M13/40 durante una ricognizione sul fronte tunisino.

Alcune delle compagnie corazzate erano state equipaggiate con semoventi da 75/18 al posto dei carri armati M 14. L'11 novembre, sbarcarono a Biserta, gli elementi avanzati della 1ª Divisione Fanteria *'Superga'*: il comandante della divisione, il generale Dante Lorenzelli, arrivato in Tunisia per via aerea, formò rapidamente dei gruppi da combattimento e stabilì posizioni difensive a Mateur, Sidi bou Zid e Sidi Belkai.

Una colonna italiana di autoblindo AB 41 su una strada tunisina, 1942.

Il 14 novembre il XV battaglione della divisione *'Centauro'*, che era stato assegnato alla *'Superga'*, respinse gli attacchi di una formazione corazzata americana a Sened, mettendo fuori combattimento 24 carri armati e catturando un certo numero di prigionieri nemici. I

Tunisia 1943

reparti italiani combatterono con successo anche nella notte del 24 novembre, bloccando insieme ad altri reparti italo-tedeschi, un forte attacco britannico a sud di Mateur, perdendo nel corso degli scontri tre cannoni semoventi.

Una colonna corazzata di carri M14/41 in marcia sul fronte tunisino, 1942.

Due giorni prima, il 22 novembre, un gruppo di carri della 50ª brigata speciale italiana diretto da Gabes a Gafsa, cadde in un'imboscata tesa dai paracadutisti statunitensi, i quali riuscirono a mettere fuori combattimento cinque carri M 14. La 50ª Brigata Speciale (indicata spesso come Brigata *'Imperiali'* dal nome del suo comandante, il Generale Giovanni Imperiali) comprendeva il 6° Battaglione Fanteria, il DLVII Gruppo semoventi da 75/18 ed il XV Battaglione carri della *'Centauro'*.

Cannoni semoventi e reparti di fanteria italiani sul fronte tunisino, 1943.

Il 26 novembre, durante un raid contro Gafsa, i paracadutisti statunitensi si scontrarono nuovamente con il XV battaglione, ma questa volta furono respinti dopo aver distrutto un deposito di carburante. Il 10 dicembre, i reparti italiani occuparono El Guettar e Maknassy, stabilendovi solide posizioni difensive. Il 24 gennaio 1943, la *1st US Armoured Division* ingaggiò elementi della 50ª brigata nei pressi della stazione ferroviaria di Sened,

Tunisia 1943

infliggendo numerose perdite e facendo quasi 100 prigionieri. Gli americani da parte loro persero due carri. Il 31 gennaio, gli americani attaccarono la posizione di Maknassy ed incontrarono una forte resistenza da parte dei reparti della '*Centauro*'. Il giorno seguente, le forze americane riuscirono a strappare la stazione di Sened agli italiani.

Un M3 *Stuart* del *13th Armoured Regiment* a Maknassy, gennaio 1943.

Generale Giovanni Messe.

L'arrivo di Messe

Nel frattempo il comando della 1ª Armata italo-tedesca in Tunisia fu assegnato al generale Giovanni Messe. Prima di partire alla volta del fronte tunisino, il Duce Benito Mussolini gli aveva ordinato di: "*dare scacco anzitutto alle forze avversarie che da ovest e da sud tendono a stritolare in una morsa la nostra occupazione tunisina. Nell'estate si riprenderà l'iniziativa delle operazioni con una grande spinta offensiva verso l'Algeria-Marocco e per la riconquista della Libia*". Tenendo conto della gravità della situazione e soprattutto delle forze disponibili, Messe espresse da subito i suoi dubbi al Duce. Mussolini allora tagliò corto, replicando con toni più realistici: "*Occorre comunque resistere ad ogni costo, resistere fino*

Tunisia 1943

all'estremo per ritardare corrispondentemente l'attacco diretto contro l'Italia, che seguirà fatalmente alla caduta delle nostre posizioni africane". Messe giunse in Tunisia il 1° febbraio 1943. La sua prima decisione riguardò la suddivisione delle forze in due Corpi d'Armata, il XX agli ordini del generale Taddeo Orlando ed il XXI agli ordini del generale Paolo Berardi. Il 6 febbraio 1943, le forze italo-tedesche reduci dai combattimenti di El Alamein completarono il loro dispiegamento lungo il confine libico-tunisino dopo una lunga ed estenuante ritirata. Le unità tedesche agli ordini di Messe comprendevano la *90.Leichte Division*, la *164.Infanterie Division*, la *15.Panzer-Division* e la *Fallschirmjäger Brigade Ramcke*.

Una postazione della *Flak* tedesca sul fronte tunisino, febbraio 1943.

Reparti della divisioni *Giovani Fascisti* in marcia.

Le forze italiane comprendevano le divisioni *Giovani Fascisti*, *Pistoia*, *Centauro*, *Trieste* e *La Spezia*. Messe si recò a visitare i reparti e l'8 febbraio, inviò una relazione al Comando Supremo circa lo stato delle truppe: *"provati nel fisico e turbati nello spirito; logori ne sono usciti i materiali. In tutti è entrata la convinzione che la lotta non può essere decisa solo dal valore degli uomini, ma dall'avere disponibilità di mezzi non inferiore a quelli dell'avversario. Resta ben fermo che tutti osserveranno la consegna di compiere il proprio dovere fino all'estremo"*. Servivano uomini, carri, artiglieria a lunga gittata,

Tunisia 1943

cannoni semoventi, munizioni, artiglierie anticarro, automezzi e carburante. Anche la situazione dell'aviazione era disperata: 49 caccia, dei quali solo 18 efficienti ed altri 14 erano senza piloti. Furono designati due capi di Stato Maggiore di Messe, uno italiano, il generale Giuseppe Mancinelli ed uno tedesco, il generale Fritz Bayerlein, già capo di Stato Maggiore del Feldmaresciallo Erwin Rommel.

Nella foto a sinistra, un cannone automatico Breda 20/65 Mod. 1935 in Tunisia. Fu largamente utilizzato sia come arma contraerea sia controcarro. Nella foto a destra, il generale Fritz Bayerlein (a sinistra) mentre discute con altri due ufficiali tedeschi.

Le forze in campo

Il settore settentrionale e centrale della Tunisia era difeso dalla 5ª Armata corazzata tedesca (*5.Panzerarmee*), agli ordini del *generaloberst* Hans-Jürgen von Arnim e dal XXX Corpo d'Armata italiano, agli ordini del generale Vittorio Sogno: quest'ultimo comprendeva la divisione *Superga* del generale Fernando Gelich e la 50ª Brigata speciale del generale Giovanni

Colonna di carri armati italiani M14/41 durante una marcia di trasferimento sul fronte tunisino, 1943 (USSME).

Imperiali. Nel settore Gafsa-El Guettar, era schierata la divisione *Centauro* del generale Calvi di Bergolo, con il 7° Reggimento bersaglieri. Contro queste truppe erano schierate da nord a sud: la 1ª Armata britannica, il XIX Corpo d'Armata francese ed il II Corpo d'Armata americano. La 1ª Armata italiana era schierata nel settore più meridionale,

Tunisia 1943

contro l'8ª Armata britannica di Montgomery a sud e il II Corpo d'Armata americano (*II US Corps* agli ordini del Lieutenant-General Lloyd Fredendall) ad ovest.

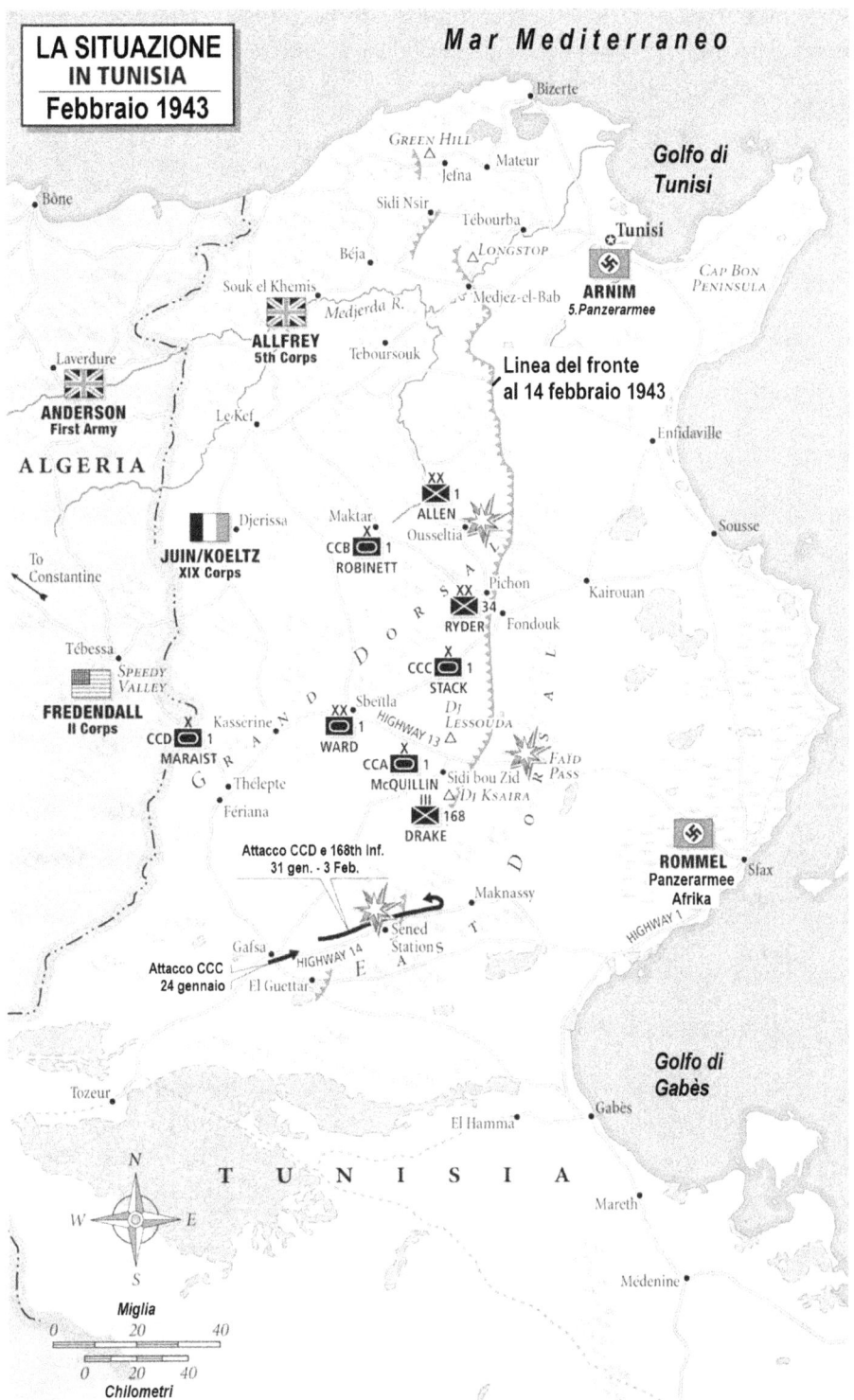

Tunisia 1943

All'inizio di febbraio del 1943, le forze dell'Asse si erano attestate lungo la linea del Mareth, sul confine libico-tunisino. Questa linea *Maginot* in miniatura era stata costruita dai francesi tra il 1936 ed il 1940, per proteggere la Tunisia dalle possibili incursioni italiane: ora però erano gli italiani ad utilizzarla per difendersi dalle forze nemiche.

Soldati italiani impegnati in combattimento sulla linea del Mareth, 1943.

Il feldmaresciallo Rommel discute con un ufficiale tedesco.

Composta da alcune decine di casematte, in parte smantellate dopo l'armistizio italo-francese del 1940, questa linea si estendeva dal mare fino ai monti Matmata per circa 35 chilometri.

Cambio di strategia

Il generale von Arnim, appoggiato dal generale Ziegler e dal capo di stato maggiore, generale Pomtow, era deciso a continuare la sua strategia con i suoi attacchi limitati. A tal scopo, iniziò a pianificare un'azione contro il raggruppamento americano a Sidi Bou Zid. Quando però alla fine di gennaio del 1943 giunse sul fronte tunisino il feldmaresciallo Rommel, dopo aver finalmente completato con successo la lunga ritirata dei resti della *Panzerarmee Afrika* da El Alamein lungo l'intera costa libica, la situazione cambiò. Nel frattempo, come già detto in precedenza, le truppe italo-tedesche del feldmaresciallo Erwin Rommel riuscirono a schierarsi sulle solide posizioni della linea del Mareth. Il comandante tedesco riteneva possibile consolidare le difese sul Mareth ed approfittare della lentezza e della prudenza delle forze dell'8ª

Tunisia 1943

Armata del generale Montgomery, lanciate all'inseguimento di quelle di Rommel, per sferrare una grande offensiva strategica in Tunisia insieme alle forze del generale von Arnim contro le truppe americane del II corpo d'armata schierate tra Faid e Gafsa.

Reparti corazzati tedeschi sul fronte tunisino, febbraio 1943.

Nella foto a sinistra, un trattore d'artiglieria Renault UE esce dal portello anteriore di un *Messerschmitt Me 323 'Gigant'* sul fronte tunisino. Nella foto a destra, Albert Kesselring.

Il generale von Arnim espresse dei dubbi sulla possibilità di effettuare con successo l'operazione, ma alla fine il feldmaresciallo Kesselring approvò il piano. E così, con l'8ª Armata inglese, a corto di fiato e di rifornimenti e quindi incapace temporaneamente di poter effettuare eventuali azioni offensive, Rommel cercò subito la rivincita sulle forze alleate attaccando sul fronte occidentale tunisino.

Cap. II) Il piano di Rommel

Le intenzioni di Rommel prevedevano un attacco tra i due settori delle forze alleate, inglese ed americano, in direzione del colle di Kasserine: da lì proseguire verso ovest, in direzione di Tebessa, dilagando nella pianura algerina ed accerchiando le truppe alleate che minacciavano la 5ª Armata corazzata di von Arnim. Il piano tedesco prevedeva un doppio attacco contro le forze americane del II Corpo d'Armata americano, dislocato in gruppi separati e non perfettamente collegati tra loro sulla dorsale orientale da Fāʾiḍ a Gafsa. Il grosso delle forze corazzate tedesche, comprendenti la *10.* e la *21. Panzer-Division* (con oltre duecento carri, tra cui una dozzina di *Tiger*) al comando del vice di von Arnim, il generale Heinz Ziegler, doveva muovere con un attacco a sorpresa dal passo Faïd per travolgere le forze nemiche attestate a Sidi Bou Zid e Bir El Hafey (operazione *Frühlingswind*, vento di primavera).

Erwin Rommel.

Soldati e carri tedeschi si preparano a lanciare l'attacco.

Un semovente italiano L40 impegnato in combattimento sul fronte tunisino (USSME).

Tunisia 1943

Generale Heinz Ziegler.

Un secondo raggruppamento più debole, posto agli ordini dello stesso feldmaresciallo Rommel e costituito dagli elementi corazzati della *15. Panzer-Division* (il *Kampfgruppe Liebenstein* con 26 carri) e da un reparto di carri della divisione corazzata italiana *'Centauro'* (23 carri), doveva invece attaccare in direzione di Gafsa, per poi ricongiungersi con le forze del generale Ziegler (operazione *Morgenluft*, 'brezza del mattino').

Operazione Frühlingswind

Nelle prime ore del mattino del 14 febbraio 1943, i reparti corazzati del generale Ziegler, dopo essersi raggruppati e riequipaggiati, si misero in marcia per lanciare l'operazione Vento di primavera: la *10. Panzer-Division*, agli ordini del *Generalmajor* Friedrich von Broich, mosse alle 4:00, sbucando da passo Faïd alle 6:30 per poi proseguire verso le posizioni americane sul monte Lessouda. Il movimento dei reparti corazzati tedeschi fu nascosto agli osservatori alleati da una violenta tempesta di sabbia. Organizzati nei due *Kampfgruppen Gerhardt* e *Reimann*, i reparti della *10.Panzer-Division*, comprendenti 110 carri e la compagnia di carri pesanti equipaggiata con mezzi *PzKpfw.VI 'Tiger'*, travolsero subito alcuni reparti di fanteria e la compagnia G di carri medi del *1st Armoured Regiment* e, restando sempre coperti dalla tempesta di sabbia i due *Kampfgruppen* aggirarono le posizioni americane da nord-ovest, con il *Kampfgruppe Gerhardt* e da sud-ovest, con il *Kampfgruppe Reimann*.

Un carro Tigre in Tunisia.

Un *PzKpfw.IV* lanciato all'attacco delle posizioni alleate.

Carri distrutti nel corso dei combattimenti.

All'alba, le truppe americane sul Lessouda, un battaglione della 34ª divisione di fanteria e alcuni reparti di supporto meccanizzati al comando del tenente colonnello John K. Waters, furono circondate da circa ottanta carri tedeschi, mentre il grosso dei mezzi procedeva

Tunisia 1943

Reparti motociclisti e carri tedeschi durante gli scontri di Sidi Bou Zid, febbraio 1943 (*Bundesarchiv*).

Carri Tigre impegnati nei combattimenti in Tunisia.

verso sud-ovest in direzione di Sidi Bou Zid annientando un gruppo di artiglieria campale ed un plotone di cacciacarri statunitense. A difesa del piccolo villaggio, c'era il 3º battaglione del 1º reggimento corazzato americano con 44 carri armati e 12 cacciacarri, al comando del tenente colonnello Louis Hightower, mentre più a sud, sul monte Ksaira, c'era un altro battaglione della 34ª divisione fanteria, agli ordini del tenente colonnello Thomas Drake. Tutti questi raggruppamenti statunitensi dipendevano dal *Combat Command A* della 1ª divisione corazzata al comando del colonnello McQuillin. Verso le 7:30, l'aviazione tedesca bombardò Sidi Bou Zid infliggendo gravi perdite in seno ai reparti alleati. Alle 8:30, il tenente colonnello Waters avvistò finalmente le colonne tedesche che si erano distaccate dalla forza principale, allertando il comando del colonnello McQuillin, ma nello stesso tempo sottovalutò la consistenza delle forze tedesche presenti. E così McQuillin inviò per fronteggiare la minaccia un solo battaglione corazzato, agli ordini del tenente colonnello Hightower: i mezzi corazzati americani finirono subito sotto il fuoco dei pezzi anticarro tedeschi e sotto i tiri a lungo raggio dei carri pesanti *Tiger*.

Tunisia 1943

L'*Hauptmann* **Helmut Hudel**.

Generalmajor **Hans-Georg Hildebrandt**.

Reparti corazzati tedeschi in Tunisia.

Alle 10:00 si sviluppò una furiosa battaglia tra i carri di Hightower ed i *panzer* della *10. Panzer-Division* del *Kampfgruppe Gerhardt*, il *I.Abt./Pz.Rgt.7* agli ordini dell'*Hauptmann* Helmut Hudel, equipaggiato con *Panzer III* e *Panzer IV* e rinforzato da quattro *Tiger*: i carristi tedeschi, sfruttando la loro grande esperienza, manovrarono abilmente a gruppi colpendo il battaglione corazzato americano sui fianchi ed alle spalle, annientandolo completamente.

Nel frattempo, mentre le forze americane sul monte Lessouda restavano ferme ed isolate, anche i carri del *Kampfgruppe Reimann* attaccarono sul fianco i mezzi corazzati americani che furono costretti a ripiegare in una situazione molto critica.

Per le forze americane le cose peggiorarono quando apparvero da sud anche i reparti della *21. Panzer-Division*, agli ordini del *Generalmajor* Hans-Georg Hildebrandt: equipaggiata con circa novanta *panzer*, la divisione sbucò dal passo di Maizila. Inizialmente la sua marcia fu ostacolata da un'improvvisa e violenta tempesta di sabbia, ma appena ne uscì, la divisione corazzata manovrò abilmente divisa in due raggruppamenti tattici: il *Kampfgruppe Schutte*, con i granatieri del *Panzergrenadier-Regiment 104* e un reparto di carri, aggirò da ovest il battaglione della 34ª divisione americana attestato sul monte Ksaira, mentre il *Kampfgruppe Stenkhoff*, comprendente il grosso dei carri del *Panzer-Regiment 5*, avanzò su Sid Bou Zid da sud-ovest e raggiunse il margine occidentale del villaggio intorno alle 14:00. Alle ore 12:00, le forze del *Combat Command A* del colonnello McQuillin a Sidi Bou Zid si ritrovarono attaccate da più direzioni dai *panzer* convergenti sul villaggio: il battaglione corazzato della *10. Panzer-Division*, rinforzato nel frattempo anche dai primi elementi della *21. Panzer-Division*, travolse definitivamente i resti del battaglione corazzato del tenente colonnello Hightower che fu quasi

Tunisia 1943

completamente distrutto dal fuoco convergente dei carri dell'*Hauptmann* Hudel: alla fine dei furiosi combattimenti, solo sette dei 44 carri americani impegnati riuscirono a sfuggire e lo stesso Hightower abbandonò il campo di battaglia a piedi dopo aver sabotato il suo mezzo corazzato. Nel tardo pomeriggio, gli elementi corazzati dei *Kampfgruppe Gerhardt* della *10. Panzer-Division* e *Stenkhoff* della *21. Panzer-Division* stabilirono il collegamento ad ovest di Sidi Bou Zid dopo aver eliminato tutti gli ultimi focolai di resistenza.

Soldati tedeschi controllano la carcassa di un carro *Sherman* distrutto in Tunisia, 1943.

Il tenente colonnello John K. Waters.

Il colonnello McQuillin riuscì ad abbandonare Sidi Bou Zid insieme ad una parte dei reparti di comando, mentre le forze circondate sul Lessouda furono catturate al completo, insieme allo stesso tenente colonnello Waters. Una volta stabilito il collegamento tra i reparti della *10. Panzer-Division* e quelli della *21. Panzer-Division*, la prima fase dell'operazione 'vento di primavera' poteva considerarsi conclusa con un totale successo delle forze corazzate tedesche che, con poche perdite di uomini e mezzi, avevano catturato due battaglioni di fanteria americani e distrutto un battaglione di carri medi. Il terreno intorno a Sid Bou Zid si ritrovò cosparso dei resti dei mezzi americani: 44 carri armati, 59 semicingolati, 26 cannoni e 22 autocarri statunitensi furono distrutti o abbandonati nella sola giornata del 14 febbraio 1943.

Tunisia 1943

Cap. III) Prosegue la battaglia

Il generale Heinz Ziegler, responsabile tattico del raggruppamento corazzato tedesco a Sid Bou Zid, decise, nella serata del 14 febbraio 1943, di restare sulle posizioni conquistate nell'attesa di un eventuale contrattacco americano. Rommel, in marcia con le sue deboli forze verso Gafsa da dove le forze Alleate stavano ripiegando in tutta fretta, criticò aspramente questa decisione, desiderando invece sfruttare il momento propizio e avanzare rapidamente su Sbeitla. Tuttavia il generale von Arnim condivise la scelta tattica di Ziegler, soprattutto per mantenere raggruppate le sue forze, optando per un attacco più limitato su Pichon, più a nord.

Un Tigre supera un veicolo tedesco sul fronte tunisino, 1943.

Erwin Rommel.

Soldati tedeschi ed un *PzKpfw.IV* in osservazione, in attesa dell'attacco nemico, febbraio 1943.

Nel corso della notte, le due divisioni corazzate tedesche rimasero quindi a Sid Bou Zid, attestandosi in posizione difensiva per affrontare il contrattacco nemico. La pesante sconfitta inflitta dai tedeschi al *Combat Command A* colse di sorpresa i comandi Alleati che, non avendo valutato bene la consistenza delle forze nemiche, sottovalutarono la minaccia. Inoltre, il generale Anderson pensò che l'attacco fosse solo una diversione e continuò a temere una minaccia nemica da Fondouk. Il generale Ward, comandante della 1ª divisione corazzata, mostrò invece maggiore prudenza e propose di raggruppare tutto il *Combat Command B*, la riserva della divisione corazzata americana, a Sbeitla per contrattaccare, mentre Fredendall come Anderson minimizzò la minaccia ordinando di rimanere sulle posizioni. Il generale Ward,

Tunisia 1943

dopo aver sentito Hightower scampato alla cattura, informato sulla presenza dei carri *Tiger* e tenendo conto delle disposizioni di Anderson e Fredendall, decise quindi di lanciare un contrattacco il 15 febbraio 1943 per tentare di liberare i due battaglioni circondati ad est di Sidi Bou Zid, che si pensava stessero ancora resistendo.

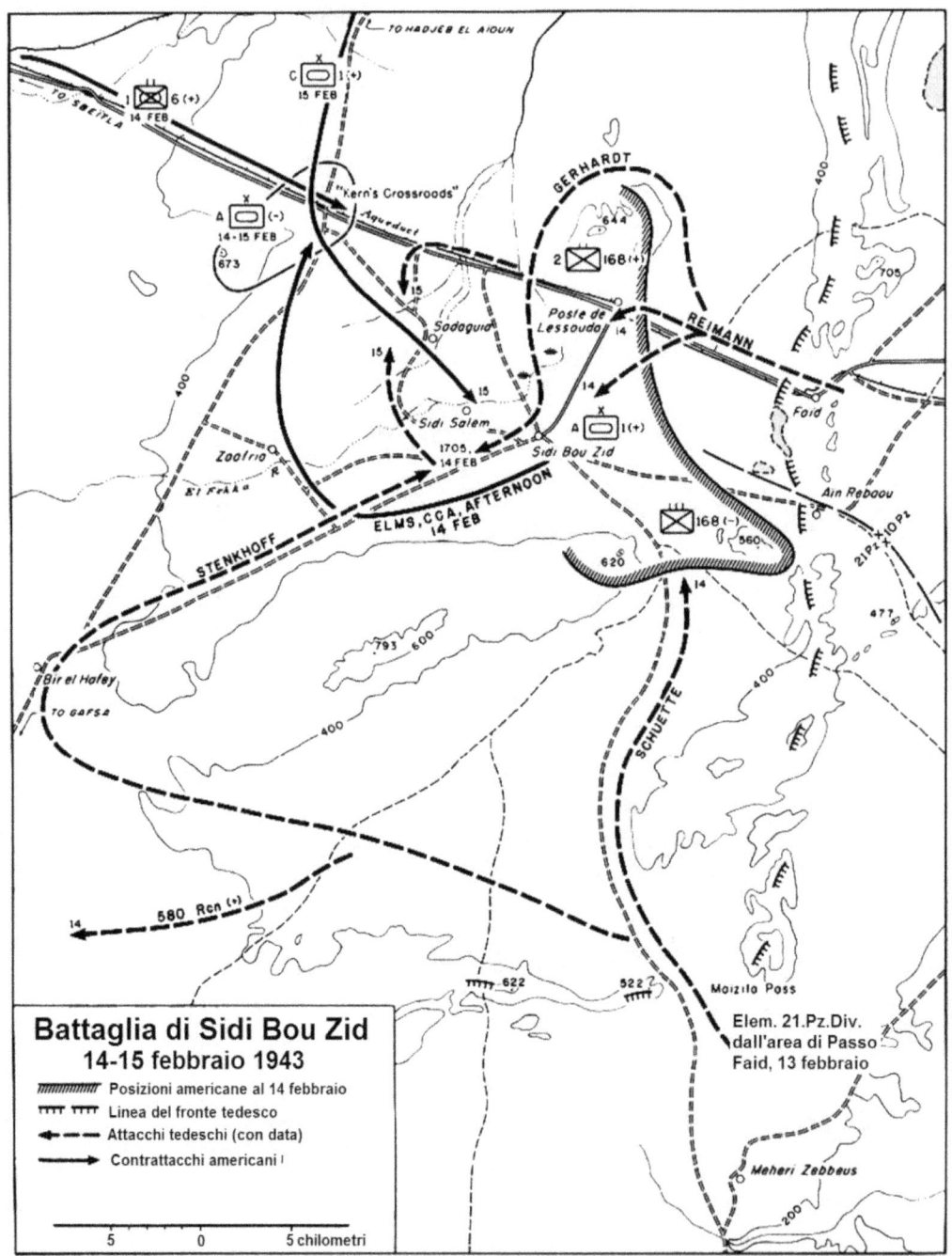

Per l'azione decise di impegnare però poche forze, poste agli ordini del colonnello Robert Stack, comandante del *Combat Command C*: il 2º battaglione corazzato del *1st Armoured*

Tunisia 1943

Regiment, rinforzato da una compagnia di cacciacarri, da due batterie di cannoni semoventi e da una compagnia di fanteria su semicingolati.

Un carro *Sherman* seguito da una *Jeep* durante un attacco sul fronte tunisino, febbraio 1943.

Un carro *Sherman* della *1st Armored Division*.

Un *Pz.Bef.Wg.III Ausf. H* in marcia, febbraio 1943.

Il contrattacco americano

Alle ore 12:40 del 15 febbraio, le forze meccanizzate del colonnello Stack si lanciarono al contrattacco verso Sidi Bou Zid: senza aver effettuato ricognizioni e senza conoscere l'esatta posizione e la consistenza delle forze nemiche, il battaglione corazzato americano agli ordini del tenente colonnello Alger, con l'ordine di lasciarsi alle spalle i monti Lessouda e Ksaira e coprire quindi la ritirata della fanteria assediata, andò incontro al suo tragico destino. I carristi americani avanzarono nella classica formazione a 'V' alla massima velocità, sollevando così tanta polvere da farsi avvistare dall'osservazione nemica. Allertati anche dalla ricognizione aerea della *Luftwaffe*, che segnalò le colonne nemiche in avanzata verso le 13:40, i comandi tedeschi poterono organizzarsi in tempo e predisporre i reparti sul campo per respingere il contrattacco. I *panzer* della *10. Panzer-Division* e della *21. Panzer-*

Tunisia 1943

Division, dopo aver lanciato razzi di segnalazione color arancio per evitare errori della *Luftwaffe*, si posizionarono ad ovest di Sid Bou Zid sui due fianchi della prevista linea di avanzata nemica, marciando a bassa velocità e con movimenti coordinati per evitare di sollevare molta polvere del deserto. Dopo aver raggiunto le loro posizioni, i *panzer* si fermarono con i motori accesi e si disposero su un'ampia fila formando una cosiddetta *Beobachtungstellung*, una posizione di osservazione.

Un *Pak 38* tedesco da 50mm sul fronte tunisino, 1943.

Un pezzo *Flak* da 20mm.

Soldati tedeschi ed un *PzKpfw.III* sul fronte tunisino si preparano alla battaglia, febbraio 1943.

Avvistati con grande anticipo i carri americani, grazie all'enorme polverone sollevato, finirono subito sotto il fuoco dei cannoni anticarro tedeschi, ben nascosti in un uliveto: furono colpiti i carri di testa, mentre i *panzer* aspettarono che il primo gruppo di carri

Tunisia 1943

nemici avesse superato le loro posizioni sui fianchi per intervenire. Alcuni elementi del *Panzer-Regiment 5* erano attestati a sud-ovest, mentre a nord era attestato il *I Abteilung* dell'*Hauptmann* Hudel, della *10. Panzer-Division*. Dopo aver inflitto le prime perdite ai reparti corazzati americani grazie al fuoco dei pezzi anticarro, i comandanti di carro tedeschi disposero i loro corazzati su una linea di fuoco (*Feuerstellung*) con la tecnica del *Halbverdeckerte* (posizione dei carri con lo scafo defilato dalle dune e solo la torretta visibile). I reparti corazzati tedeschi avevano in pratica organizzato una cosiddetta *Panzerwarte*, un'imboscata di carri, secondo la terminologia delle *Panzertruppen*, attirando in una vera e propria trappola le inesperte unità corazzate statunitensi.

Colonna corazzata tedesca in movimento sul fronte tunisino, febbraio 1943.

Colonna corazzata americana in movimento. In primo piano un carro *Stuart*.

Al momento opportuno, i *panzer* aprirono il fuoco da tre direzioni colpendo i carri americani che avanzavano in campo aperto, disorientati dalla scarsa visibilità ed in posizione tattica sfavorevole. Per tentare di fronteggiare le minacce sui fianchi, i reparti americani si divisero, ma subito dopo il battaglione corazzato del tenente colonnello Alger rimase isolato dagli altri reparti cingolati e nel tardo pomeriggio la sua situazione si aggravò ulteriormente. Alcuni carri lasciati più indietro riuscirono a ripiegare evitando di finire distrutti, ma tutti gli altri, dopo aver subito gravi perdite sotto il terribile fuoco incrociato dei carri tedeschi, furono accerchiati nel uadi Rouana e, dopo una disperata resistenza furono distrutti uno ad uno. Quando fu sera, il 2° battaglione corazzato americano della *1st Armoured Regiment* poteva considerarsi completamente annientato ed il tenente colonnello Alger fu catturato dai tedeschi. Ben 40 carri americani erano stati distrutti. Secondo le fonti americane, anche i tedeschi subirono la perdita di

Tunisia 1943

almeno 19 carri, ma in realtà i reparti corazzati germanici non subirono alcuna perdita. Nel corso dei due giorni di combattimenti a Sidi Bou Zid, le forze statunitensi del 2º corpo d'armata (1ª divisione corazzata e parte della 34ª divisione fanteria) avevano subito una grave sconfitta e avevano perso quasi completamente due battaglioni di fanteria e due battaglioni di carri medi. Il tenente colonnello Moore, al comando dei superstiti sul monte Lessouda, tentò di raggiungere le linee amiche nella tarda sera del 15 febbraio, ma alla fine riuscì a portare in salvo solo 432 dei 904 uomini disponibili all'inizio della battaglia.

Carri alleati distrutti nel corso dei combattimenti a Sidi Bou Zid, febbraio 1943.

Prigionieri americani in un villaggio tunisino, 1943.

Il resto, fu ucciso o catturato dai tedeschi durante la fuga. Il tenente colonnello Drake invece, con 1.900 uomini trincerati sul Garet Hadid e sul Ksaira (dove c'era il comandante del 3º battaglione del 168º reggimento fanteria della 34ª divisione fanteria John H. Van Vliet) ordinò alle 14:30 del 16 febbraio ai reparti presenti su quest'ultimo monte di raggiungerlo. Dopo aver messo fuori uso le armi pesanti e abbandonato i feriti gravi alla clemenza dei tedeschi, Van Vliet raggiunse Drake. Quella stessa notte i reparti americani mossero in direzione del monte el Hamra ad ovest dove c'era il colonnello McQuillin, comandante del *Combat Command A*. All'alba gli statunitensi, dispersi su otto chilometri di deserto, furono attaccati dalle forze tedesche e dopo una mattinata di combattimenti, furono costretti alla resa. Insieme a Drake e Van Vliet furono catturati altri 1.400 prigionieri. A Sidi Bou Zid le forze statunitensi subirono forse la più pesante sconfitta della seconda guerra mondiale, non solo per le pesanti perdite subite ma soprattutto per il grave cedimento morale delle truppe. Tra i comandi britannici si confermò il giudizio negativo già preesistente sulle capacità dei comandanti e dei soldati

Tunisia 1943

americani appena giunti in Europa e in Africa; mentre tra i comandi americani si diffuse grande delusione. Lo stesso generale Eisenhower ammise l'umiliazione ed il Presidente Roosevelt manifestò a Washington con i suoi consiglieri il suo disappunto e i suoi dubbi sulla reale efficienza delle forze armate americane.

Soldati tedeschi in un villaggio tunisino durante una pausa nei combattimenti: a sinistra, un *PzKpfw.II* e a destra un semovente italiano 47/32, febbraio 1943.

Il feldmaresciallo Rommel sul campo di battaglia.

Un carro Tigre in marcia sul fronte tunisino, 1943.

La conquista di Sbeitla

La pesante sconfitta costrinse il generale Fredendall a ripiegare precipitosamente verso Sbeitla e ad abbandonare Gafsa senza combattere, permettendo al secondo raggruppamento tedesco, il *Kampfgruppe Liebenstein*, guidato personalmente dal feldmaresciallo Rommel, di avanzare praticamente senza incontrare resistenza, portando a termine con successo la cosiddetta operazione *Morgenluft* (brezza del mattino). Le forze dell'*Afrika Korps* guidate da Rommel, dopo essere entrate a Gafsa, proseguirono rapidamente in avanti, occupando Feriana ed il

Tunisia 1943

17 febbraio, l'importante aeroporto di Thélepte, che fu abbandonato precipitosamente dagli americani, avvicinandosi così ai passi della dorsale occidentale dell'Atlante. Nella stessa giornata del 17 febbraio, i reparti della *21. Panzer-Division* del generale von Arnim conquistarono anche Sbeitla, dopo aver respinto le forze americane del *Combat Command B*, in pratica gli ultimi reparti della 1ª divisione corazzata americana ancora operativi impegnati a tentare di rallentare l'avanzata delle forze dell'Asse.

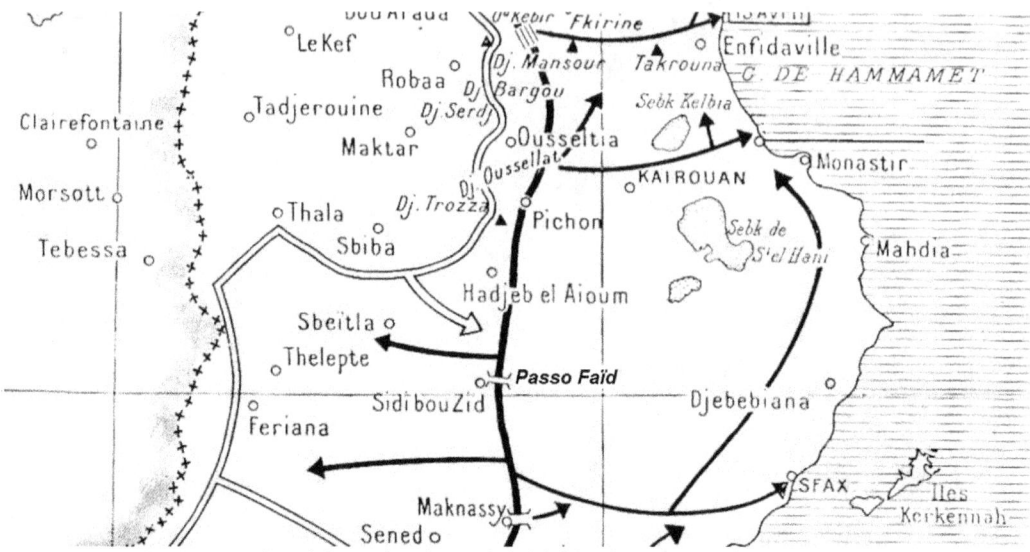
Area operativa dei combattimenti del febbraio 1943 sul fronte tunisino.

Soldati tedeschi, armi in spalla, marciano tra le colline tunisine per portarsi su nuove posizioni, febbraio 1943.

I generali von Arnim e Ziegler non sfruttarono però appieno la vittoria di Sidi Bou Zid, malgrado gli incitamenti e le lamentele del feldmaresciallo Erwin Rommel: i due comandanti tedeschi, timorosi di effettuare grandi manovre offensive strategiche, decisero di proseguire con prudenza verso nord, in direzione di Fondouk e Pichon, dove mossero i reparti della *10. Panzer-Division*, mentre quelli della *21. Panzer-Division* rimasero attestati a Sbeitla. Nello stesso tempo, pur tra mille difficoltà, le forze statunitensi ripiegarono ancora, fino a stabilire, con l'appoggio di importanti forze britanniche e francesi, nuove posizioni difensive sui passi di Sbiba e Kasserine, all'estremità occidentale dell'Atlante. Fino a quel momento le forze statunitensi sul fronte tunisino avevano subito le seguenti perdite: 2.546 uomini, 103 carri armati, 280 veicoli, 18 cannoni da campo, 3 cannoni anticarro ed un'intera batteria contraerea.

Tunisia 1943

Cap. IV) Nuovi piani di attacco

Deciso a voler assestare un colpo mortale alle forze alleate in grandi difficoltà, il feldmaresciallo Rommel propose a Kesselring di poter proseguire l'offensiva ampliandone gli obiettivi e puntando ad ottenere un successo strategico più importante, conquistando subito i passi della dorsale occidentale dell'Atlante e dirigendo quindi, con tutte le forze corazzate concentrate sotto il suo comando, su Tébessa e quindi sul porto di Bona, sulla costa algerina, accerchiando così tutte le forze alleate schierate nella Tunisia settentrionale.

Foto a sinistra, il feldmaresciallo Rommel, il colonnello Bayerlein ed il feldmaresciallo Kesselring durante un colloquio sul fronte africano. Foto a destra, un artigliere tedesco.

Generale von Armim.

Al generale Kesselring i piani di Rommel piacquero, mentre il generale von Armim si mostrò scettico, dirottando il grosso della *10. Panzer-Division* a nord verso Fondouk. Seguirono altre discussioni e riunioni di guerra e dopo aver ottenuto anche il placet del comando supremo italiano e dello stesso Mussolini, nella notte tra il 18 ed il 19 febbraio, il piano di Rommel fu approvato con qualche modifica: invece di puntare su Tébessa, l'attacco doveva essere portato ad un centinaio di chilometri a nord di Kasserine, a Le Kef, dove le strade erano migliori e le probabilità di circondare la 1ª armata britannica erano maggiori. Nello stesso tempo von Arnim ricevette l'ordine di inviare al feldmaresciallo sia

Tunisia 1943

la *21.* sia la *10. Panzer-Division*, quest'ultima richiamata da Fondouk. Le divisioni corazzate raggruppate avrebbero quindi attaccato i passi di Sbiba e Kasserine per proseguire l'avanzata verso Thala e Le Kef. La manovra su Tébessa, ritenuta troppo ambiziosa, venne quindi accantonata, nonostante le proteste di Rommel ed in parte anche di Kesselring, che avanzarono forti dubbi sui possibili risultati di un attacco troppo limitato verso nord.

Un *PzKpfw.III* seguito da un *PzKpfw.IV Ausf. G* in marcia sul fronte tunisino, 1943.

Friedrich von Broich.

La nuova operazione, denominata *Sturmflut* (mareggiata), disperdeva in parte le forze motorizzate italo-tedesche, con un attacco contemporaneo sia a Sbiba, con la *21. Panzer-Division* del generale Hans-Georg Hildebrandt, sia a Kasserine, con i reparti dell'*Afrika Korps*, il *Kampfgruppe Liebenstein*, passato agli ordini del generale Karl Bülowius dopo il ferimento di Liebenstein, sia a Dernaia, con degli elementi corazzati della divisione italiana '*Centauro*'. La *10. Panzer-Division*, agli ordini del generale Friedrich von Broich, dopo aver raggiunto la zona delle operazioni, sarebbe stata impegnata nel punto decisivo per sfruttare l'eventuale successo. Kesselring si recò in visita sul fronte tunisino il 19 febbraio 1943 e ne approfittò per convincere il generale von Arnim ad appoggiare l'attacco di Rommel. Dopo un incontro con i due comandanti tedeschi, riuscì ad ottenere la collaborazione di von Arnim e della sua *10. Panzer-Division*. Tuttavia, Kesselring e Rommel non discussero con chiarezza gli obiettivi precisi

Tunisia 1943

dell'operazione: Rommel da parte sua aveva pianificato un attacco principale su Sbiba e in un primo momento, la manovra su Kasserine diventò secondaria. Essa doveva essere lanciata principalmente per coprire il fianco delle forze attaccanti per fronteggiare eventuali attacchi nemici provenienti dall'area di Tébessa.

Generale Karl Bülowius.   Semoventi italiani 47/32 della divisione *Centauro* in Tunisia, 1943.

Una vista del terreno difficile intorno al passo di Kasserine da ovest verso la parte più stretta del passaggio dove la strada per Thala (a sinistra) e Tebessa (a destra) divergono (*Patton Museum*).

Sul fronte alleato, i comandi cercarono in tutta fretta di organizzare la difesa dei passi della dorsale occidentale facendo affluire nuove forze britanniche, francesi e americane. I resti della 1ª divisione corazzata sconfitta a Sidi Bou Zid furono posizionati a sud di

Tunisia 1943

Tébessa a protezione dei depositi di rifornimenti, mentre la concentrazione principale venne effettuata al passo di Sbiba, dove furono raggruppati il 19º corpo d'armata francese e la 34ª divisione fanteria americana, rinforzate dalla presenza nelle vicinanze del grosso della 6ª divisione corazzata britannica, la cui 26ª brigata corazzata era dislocata a Thala. A difendere gli accessi meridionali a Tébessa furono impegnati la divisione francese di Costantina ed il *Combat Command B* della 1ª divisione corazzata americana schierati a Bou Chebka. Rimase invece difeso debolmente il passo di Kasserine, dove c'erano solo 1.200 soldati, non completamente addestrati al tiro, del 19º reggimento del genio americano.

A sinistra, una postazione difensiva americana con un cannone anticarro da 37mm intorno al passo di Kasserine, febbraio 1943 (*U.S. Army*). A destra, il generale Lloyd Fredendall.

Reparti di fanteria statunitense in marcia in Tunisia, 1943.

A tal scopo, prima dell'attacco tedesco, il generale Lloyd Fredendall, inviò al passo di Kasserine un battaglione del 26º reggimento fanteria della 1ª divisione fanteria americana con una compagnia di carri medi del 13º reggimento corazzato (*Combat Command B*), un battaglione cacciacarri e vari reparti di artiglieria campale americana e francese, portando così la forza di Kasserine a più di 2.000 uomini. Al comando di queste forze eterogenee, che giunsero al passo dopo una marcia notturna, fu posto il colonnello Alexander Stark, comandante del 26º reggimento di fanteria. Il passo di Kasserine, intersecato dal letto del fiume Hatab, misurava nel suo punto più stretto solo 800 metri ed era attraversato da una strada che all'uscita del valico si divideva in due parti dirette verso le posizioni di Tébessa e Thala. Questa strada è sovrastata ad ovest dal monte Chambi, il più alto della Tunisia con i suoi 1.520 metri, e ad

Tunisia 1943

est dal monte Semmama, alto 1.335 metri. I genieri alleati erano stati impegnati fin dalla sera del 17 febbraio a preparare le nuove posizioni difensive, ma i monti erano scarsamente difesi e le truppe ammassate sul fondo del passo, con mitragliatrici, mine e filo spinato non erano state dislocate al meglio.

Reparti motorizzati del *Panzergrenadier Regiment 69* della *10.Panzer-Division* in marcia verso il passo di Kasserine, febbraio 1943. Notare la presenza di un semicingolato americano catturato e riutilizzato dai tedeschi (U.S. NARA).

Un'altra foto scattata nello stesso punto, sempre con il semicingolato americano ed una autoblindo (NARA).

I combattimenti per il passo di Kasserine

La nuova offensiva del feldmaresciallo Rommel iniziò alle 4:50 del 19 febbraio ed inizialmente incontrò notevoli difficoltà: la *21. Panzer-Division*, ridotta a due deboli battaglioni di fanteria e solo 40 carri armati, avanzò troppo lentamente verso Sbiba ed incontrò subito una forte resistenza da parte delle truppe alleate, superiori di numero, con ben 11 battaglioni di fanteria in linea) non riuscendo a conquistare il passo. Nelle prime ore del mattino, i reparti dell'*Afrika Korps*, due battaglioni di fanteria ed un battaglione corazzato al comando del generale Bülowius, riuscirono invece a raggiungere il passo di Kasserine. Il 33° battaglione da ricognizione tentò un primo attacco di sorpresa ma fu respinto dal fuoco nemico, soprattutto dai cannoni da 75 mm francesi. Verso le 9:30, fu lanciato in avanti il famoso *Panzergrenadier-Regiment Afrika* dell'*Oberst* Otto Menton, ma anch'esso incontrò notevoli difficoltà nell'avanzare sull'aspro terreno roccioso, battuto

Tunisia 1943

dall'artiglieria franco-americana. Verso mezzogiorno, furono impegnati senza successo anche i reparti corazzati del *Panzer-Regiment 8* della *15. Panzer-Division*.

Il felmaresciallo Rommel a bordo della sua auto insieme al colonnello Bayerlein, supera la stessa colonna motorizzata, per portarsi in prima linea (U.S. NARA).

Colonna corazzata tedesca in marcia verso il passo di Kasserine, febbraio 1943.

Tunisia 1943

I combattimenti si protrassero così fino a notte inoltrata, con i granatieri tedeschi impegnati ad infiltrarsi sulle colline per aggirare le posizioni alleate. Nel frattempo queste erano state rinforzate da altri reparti, tra i quali tre compagnie del 39° reggimento fanteria ed un plotone corazzato. La giornata del 19 febbraio si concluse così, con uno smacco per le forze dell'Asse, malgrado i difensori alleati avessero mostrato alla fine della stessa dei segni di cedimento. Rommel decise tuttavia di proseguire gli attacchi, richiamando tutte le sue forze sul passo di Kasserine, impegnando anche la *10. Panzer-Division* e le truppe italiane della 131ª Divisione corazzata *'Centauro'*, di cui era previsto l'imminente arrivo.

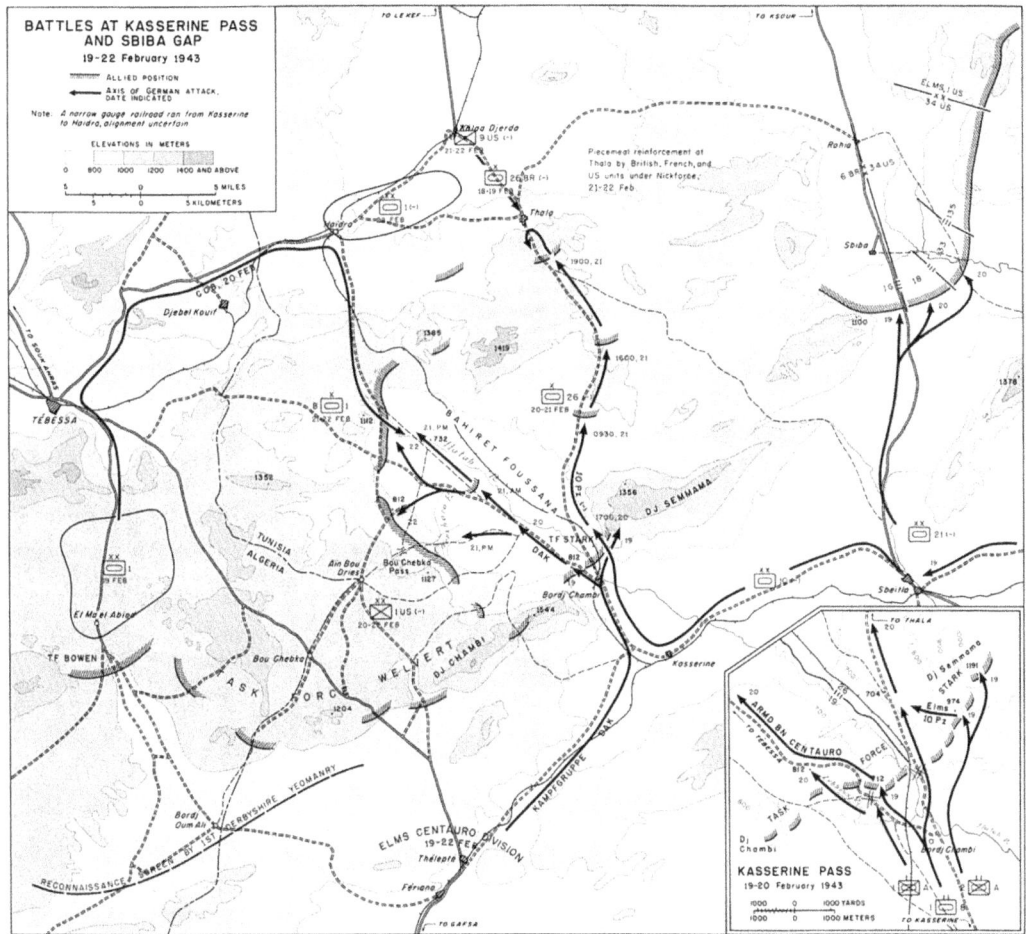

Combattimenti del passo di Kasserine e a Sbiba tra il 19 ed il 22 febbraio 1943 (*U.S. Army*).

Preoccupato dalla situazione delle forze schierate sul passo, il generale Anderson inviò altri rinforzi per tentare di rafforzare le difese: la *Gore force*, uno squadrone britannico costituito da undici carri armati con una compagnia di fanteria ed una batteria di cannoni campali al comando del tenente colonnello Gore, si posizionò lungo la strada che conduceva dal passo di Kasserine a Thala, pronta ad intervenire, mentre durante la serata e la notte affluirono un battaglione meccanizzato americano, il III/6° della 1ª divisione corazzata, un battaglione di fanteria della 9ª divisione fanteria statunitense ed un altro reparto caccia carri. Nel corso della notte, i granatieri tedeschi continuarono ad infiltrarsi

Tunisia 1943

sulle colline, conquistarono alcune posizioni, circondando su quota 700, un'intera compagnia americana e superando subito dopo le difese dei genieri statunitensi sulla riva settentrionale del fiume Hatab. Nel corso della giornata gli americani, malgrado avessero continuato a resistere, subirono pesanti perdite: inoltre, due batterie di artiglieria si erano ritirate senza ordini, lasciando solo il reparto di cannoni francese da 75 mm.

Il generale Fredendall a bordo del suo veicolo comando durante i combattimenti a Kasserine.

Artiglieria pesante tedesca impegnata sul fronte tunisino.

Il generale Fredendall si vide costretto ad allertare il *Combat Command B* che copriva la strada per Tébessa. Al mattino del 20 febbraio, il feldmaresciallo Rommel si portò personalmente a Kasserine, per rendersi conto della situazione: dopo essere stato informato dell'attacco infruttuoso del generale Bülowius e che anche la *21. Panzer-Division* era stata duramente respinta a Sbiba, decise di concentrare tutti gli sforzi sul passo impegnando tutte le forze disponibili: nell'attesa che giungessero anche i reparti della *10. Panzer-Division*, priva però dei suoi carri *Tiger*, ordinò subito un nuovo attacco che fu preceduto da un massiccio fuoco di artiglieria pesante e di lanciarazzi *Nebelwerfer* del 71º reggimento. L'attacco delle forze dell'Asse iniziò al mattino, sotto una fastidiosa pioggia: il *Panzergrenadier-Regiment Afrika* riprese l'offensiva, rinforzato dal 5º Reggimento bersaglieri italiano che si distinse particolarmente durante l'assalto al monte Semmama. Nei duri combattimenti che seguirono si distinsero anche i bersaglieri del 7º Reggimento, impegnati in violenti scontri

Tunisia 1943

ravvicinati con le truppe alleate, nel corso dei quali rimase ucciso il colonnello Luigi Bonfatti, comandante dell'unità, mentre guidava i suoi uomini all'assalto delle posizioni nemiche. I reparti alleati opposero una strenua resistenza e solo nel pomeriggio, giunsero di rinforzo gli attesi reparti della *10. Panzer-Division*: un battaglione di carri armati, due battaglioni di *panzergrenadier* e un reparto di motociclisti.

A sinistra, bersaglieri del 7° Reggimento impegnati in combattimento con una mitragliatrice *Breda 37*, febbraio 1943 (USSME). A destra, un *Fallschirmjäger* in Tunisia, 1943.

Colonna motorizzata tedesca diretta verso il passo di Kasserine, febbraio 1943.

Semoventi italiani 47/32 impegnati in combattimento.

Alle 16:30 Rommel ordinò di lanciare l'attacco finale, facendolo precedere dal fuoco di preparazione dell'artiglieria: i reparti corazzati avanzarono nel passo, mentre i granatieri ed i bersaglieri si infiltrarono tra le colline. Le forze americane iniziarono a cedere e a ripiegare in preda al panico, permettendo ai reparti della *10. Panzer-Division* di proseguire lungo la strada di Thala. Solo l'intervento della *Gore force* consentì di bloccare momentaneamente le forze tedesche. I reparti corazzati britannici si batterono tenacemente ma alla fine furono superati dall'efficace intervento del *I./Pz.Rgt.8* della *15. Panzer-Division*, agli ordini del *Major* Hans-Günther Stotten, che

Tunisia 1943

distrusse tutti i carri britannici e i cinque residui cacciacarri americani aggregati alla *Gore force*. Verso sera, le difese alleate al passo di Kasserine potevano considerarsi ormai crollate: nella mani degli italo-tedeschi finirono più di 2.400 prigionieri, tutti i carri americani ed i cacciacarri alleati erano stati distrutti. Il battaglione corazzato della *15. Panzer-Division* distrusse ben 22 mezzi corazzati nemici e catturò 30 semicingolati intatti.

A sinistra il *Major* Hans-Günther Stotten. A destra, l'equipaggio di un carro M14/41 del 31° reggimento carristi della divisione Centauro, armato con un cannone da 47/32 (USSME).

Soldati e mezzi americani al passo di Kasserine, 1943.

Carri *Sherman* distrutti nei pressi del passo di Kasserine.

Mentre i carri della *10. Panzer-Division* avanzarono verso Thala, Rommel ispezionò personalmente il campo di battaglia di Kasserine e inviò lungo la strada per Tébessa, difesa in quel momento solo da una batteria di artiglieria francese, il battaglione carri della divisione corazzata italiana *'Centauro'*. Sul monte Semmama restarono circondati i resti di due battaglioni meccanizzati americani che furono catturati, perdendo tutti i loro autoveicoli che caddero intatti nelle mani dei granatieri della *10. Panzer-Division*. Dopo aver eliminato le difese del passo, il feldmaresciallo Rommel inviò parte delle sue forze lungo la strada di Thala e parte verso quella per Tébessa. Forse indeciso sulla migliore direzione da seguire per sfruttare il

Tunisia 1943

successo, Rommel dopo essersi consultato con Kesselring, che il 20 e il 21 febbraio si trattenne in Tunisia per cercare di coordinare l'offensiva e di spingere von Arnim ad attaccare a sua volta verso Pichon, mantenne divise le sue forze in due gruppi.

Un gruppo di prigionieri americani sorvegliati da una sentinella tedesca in Tunisia, 1943.

Fanteria britannica al seguito di carri americani, 1943.

Colonna di semoventi italiani in movimento, 1943.

Quest'ultime erano separate anche dal corso del fiume Hatab il cui ponte principale che lo attraversava era stato distrutto dai genieri americani. Rommel rimase con il gruppo principale della *10. Panzer-Division* del generale von Broich in marcia con circa 30 carri armati, 20 semoventi e due battaglioni motorizzati sulla più settentrionale delle due strade, verso Thala e Le Kef, mentre l'altro gruppo da combattimento italo-tedesco più debole, al comando del generale Bülowius prese la strada più a sud, verso le posizioni di Haïdra e Tébessa.

Tunisia 1943

La sconfitta al passo di Kasserine creò nuove preoccupazioni in seno ai comandi alleati e per cercare di fronteggiare la crisi, il generale Anderson andando contro le disposizioni di Fredendall, deciso ad ordinare un nuovo ripiegamento, costituì il comando della cosiddetta *Nick force*, al comando del generale britannico Cameron G.G. Nicholson, affidandogli la difesa di Thala con la 26ª brigata corazzata del generale Dumphie rafforzata da elementi francesi e dai reparti in arrivo della 9ª divisione di fanteria americana, richiamata in tutta fretta dal Marocco.

Un carro armato *Lee* avanza in supporto alle forze americane durante la battaglia del passo di Kasserine, febbraio 1943.

Bersaglieri italiani impegnati a recuperare armi ed equipaggiamenti abbandonati dalle forze nemiche, 1943.

A Sbiba, la *21. Panzer-Division* rimase bloccata dalla forte resistenza delle forze alleate. Nello stesso tempo, si accesero furiosi scontri lungo la strada di Thala sulla quale stavano avanzando i reparti della *10. Panzer-Division*. Al mattino del 21 febbraio, il feldmaresciallo Rommel, temendo un possibile contrattacco nemico, decise di trattenersi sulle posizioni raggiunte, fornendo così la

Tunisia 1943

Un semovente 75/18 italiano impegnato sul fronte tunisino.

Soldati tedeschi ed il relitto di un carro medio *M3 Grant*.

Truppe statunitensi attraversano il passo di Kasserine.

possibilità agli alleati di riorganizzarsi e rafforzarsi. Quando fu chiaro che non ci sarebbe stato nessun contrattacco, Rommel decise di riprendere la marcia, mandando avanti la *10. Panzer-Division* che avanzò nel pomeriggio lungo la strada di Thala, respingendo le forze britanniche della 26ª brigata corazzata del generale Dumphie. Poco prima che facesse sera, l'attacco di alcuni *panzer* della *10. Panzer-Division*, fece temere il peggio per gli alleati: con un'azione a sorpresa i carri armati tedeschi penetrarono tra le posizioni britanniche tenute da un battaglione del *Royal Leicestershire Regiment*, distruggendo numerosi carri e automezzi Alleati e portando lo scompiglio tra le linee nemiche. Alla fine, solo grazie alla loro superiorità numerica, i reparti britannici riuscirono a respingere l'attacco e a mantenere la posizione di Thala, lamentando però pesanti perdite: oltre 40 mezzi corazzati furono distrutti dai *panzer* della *10. Panzer-Division* ed un intero squadrone finì per errore in mezzo alle colonne corazzate tedesche. Le truppe dell'Asse pur avendo perso solo una decina di mezzi, non riuscirono tuttavia a proseguire in avanti, soprattutto a causa del massiccio fuoco dell'artiglieria americana. Lungo la strada di Tébessa, dove erano impegnati i reparti dell'*Afrika Korps* del generale Bülowius a protezione del fianco sinistro di Rommel, le cose andarono peggio: le colonne tedesche finirono infatti sotto il fuoco dell'artiglieria alleata. Un nuovo attacco iniziato nel corso della notte, terminò al mattino del 22 febbraio, con un nuovo insuccesso. Nel pomeriggio, gli americani contrattaccarono costringendo il raggruppamento dell'*Afrika Korps*, a ripiegare di nuovo verso il passo di Kasserine. I reparti della *'Centauro'* subirono perdite mentre le forze americane riuscirono a riconquistare parte del terreno perduto, bloccano l'avanzata delle forze dell'Asse in quel settore. Nel frattempo, Rommel e Kesselring, dopo essersi recati sul posto fin dal pomeriggio del 22 febbraio, avevano deciso di sospendere ogni attacco verso Thala, Le Kef o Tébessa, ordinando un ripiegamento generale verso Kasserine. In quella stessa giornata, fallì anche il tentativo del generale von Arnim di appoggiare l'offensiva principale con un attacco nella regione di Pichon. Il ripiegamento delle forze italo-tedesche del feldmaresciallo Rommel si spiegava anche con la minaccia di un imminente attacco della 8ª armata britannica del generale Montgomery, ormai arrivata in forze sulla linea del Mareth. Era quindi necessario rinforzare le difese in quel settore con una parte dei reparti impegnati a Kasserine. Iniziata il 23 febbraio, la ritirata delle forze dell'Asse si svolse ordinatamente e senza troppe interferenze da parte degli alleati.

L'aviazione alleata fu invece molto attiva, portando duri attacchi sul passo di Kasserine, accelerando il ripiegamento delle forze di Rommel, che il 25 febbraio abbandonarono la posizione. A tenere lontane le forze nemiche ci pensarono i campi minati, le azioni di retroguardia delle truppe italo-tedesche e la distruzione di tutti i ponti tra Sbiba e Sbeitla e attorno a Kasserine. Si concluse così, l'ultima grande offensiva dell'Asse in terra d'Africa. Le forze alleate riconquistarono quindi Kasserine, ma le loro perdite durante la battaglia erano state gravi: 10.000 morti (di cui solo 6.500 del 2° Corpo d'Armata americano) contro i soli 2.000 delle forze dell'Asse.

Malgrado la grande sproporzione di forze sul campo, Rommel era convinto si poter portare a termine con successo la sua manovra, lamentando soprattutto il mancato appoggio da parte di von Arnim e per i contrasti con gli alti comandi italo-tedeschi, che non avevano autorizzato i suoi piani di attacco su Tébessa preferendo sviluppare una manovra più prudente su Thala e Le Kef. Nei giorni dell'offensiva di Kasserine, il generale von Arnim continuò infatti a pianificare un suo ambizioso attacco più a nord impiegando anche i *Tiger* dello *s.Pz.Abt.501* nella cosiddetta operazione *Ochsenkopf*[1], che non ebbe successo. Solo il 23 febbraio 1943, Rommel fu nominato comandante generale in Nordafrica, ma ormai era troppo tardi per assicurare un miglior coordinamento delle operazioni dell'Asse.

Note

[1] L'*Unternehmen Ochsenkopf* (Operazione Testa di Bue) anche conosciuta come battaglia di Sidi Nsir e battaglia dell'Hunts Gap fu un'operazione offensiva delle forze dell'Asse in Tunisia, che si sviluppò tra il 26 febbraio e il 4 marzo 1943. L'offensiva insieme ad un'altra operazione complementare (*Unternehmung Ausladung*) aveva come obiettivo la conquista delle posizioni di Medjez el Bab, Béja, El Aroussa, Djebel Abiod ed una posizione conosciuta come Hunt's Gap, tra la 1ª armata britannica e il Gruppo d'Armate Africa. Inizialmente l'offensiva fece guadagnare terreno alle forze dell'Asse, ma non una delle posizioni stabilite fu conquistata prima che gli attacchi fossero fermati a causa delle pesanti perdite subite in uomini e mezzi.

Tunisia 1943

Cap. V) La battaglia di Medenine

Conclusi i combattimenti per il passo di Kasserine, l'attenzione di Rommel si rivolse lungo la linea del Mareth, dove le forze dell'8ª Armata di Montgomery stavano preparandosi a lanciare una grande offensiva. Con una manovra a sorpresa sul fianco, a cui fu dato il nome in codice di operazione *Capri*, Rommel si prefiggeva di annientare le forze nemiche tra Medenine e la linea del Mareth. Rommel era in netta inferiorità numerica, potendo impegnare solo 150 carri armati contro i circa 450 britannici, ma contava sull'effetto sorpresa, che però non ci fu poiché grazie alle intercettazioni di *Ultra* delle trasmissioni tedesche, effettuate dall'intelligence britannica, Montgomery conosceva già le intenzioni nemiche e conosceva esattamente il luogo ed il momento dell'attacco[1]: in questo modo, riuscì ad organizzare e rinforzare le sue difese, con un massiccio dispiegamento di cannoni anticarro.

A sinistra, un carro leggero americano *Stuart* della *1st Armoured Division* distrutto durante i combattimenti per il passo di Kasserine, 1943. A destra, il generale Hans Graf von Sponeck.

Soldati della *90. leichte Afrika-Division* in Tunisia.

Il piano di Rommel prevedeva un attacco da destra le colline di Medenine con reparti della *10., 15.* e *21.Pz.Div.*, mentre sulla sinistra altre forze, comprendenti elementi della divisione *Trieste*, della divisione *La Spezia* e della *90. leichte Afrika-Division*, agli ordini del generale Hans Graf von Sponeck, dovevano attaccare le posizioni britanniche a cavallo della rotabile, per tenerle impegnate mentre i reparti corazzati tentavano l'aggiramento da destra. All'alba del 6 marzo, in mezzo ad una fitta nebbia, i reparti corazzati tedeschi sulla destra si lanciarono all'attacco delle posizioni inglesi, seguendo direttrici convergenti su Medenine, mentre le forze del gruppo Sponeck attaccarono sulla sinistra: i reparti dell'Asse si ritrovarono da

Tunisia 1943

subito sotto il massiccio fuoco dell'artiglieria nemica, che inflisse gravi perdite alle forze di fanteria ma anche ai reparti corazzati. Le batterie britanniche, ben appostate sulle pendici davanti a Medenine, bloccarono tutti i tentativi di attacco italo-tedeschi e mentre i reparti delle due divisioni di fanteria italiane furono arrestati dal contrattacco dei carri armati nemici, più a sud, i reparti corazzati tedeschi finirono contro lo sbarramento di fuoco dei pezzi anticarro britannici, subendo gravi perdite.

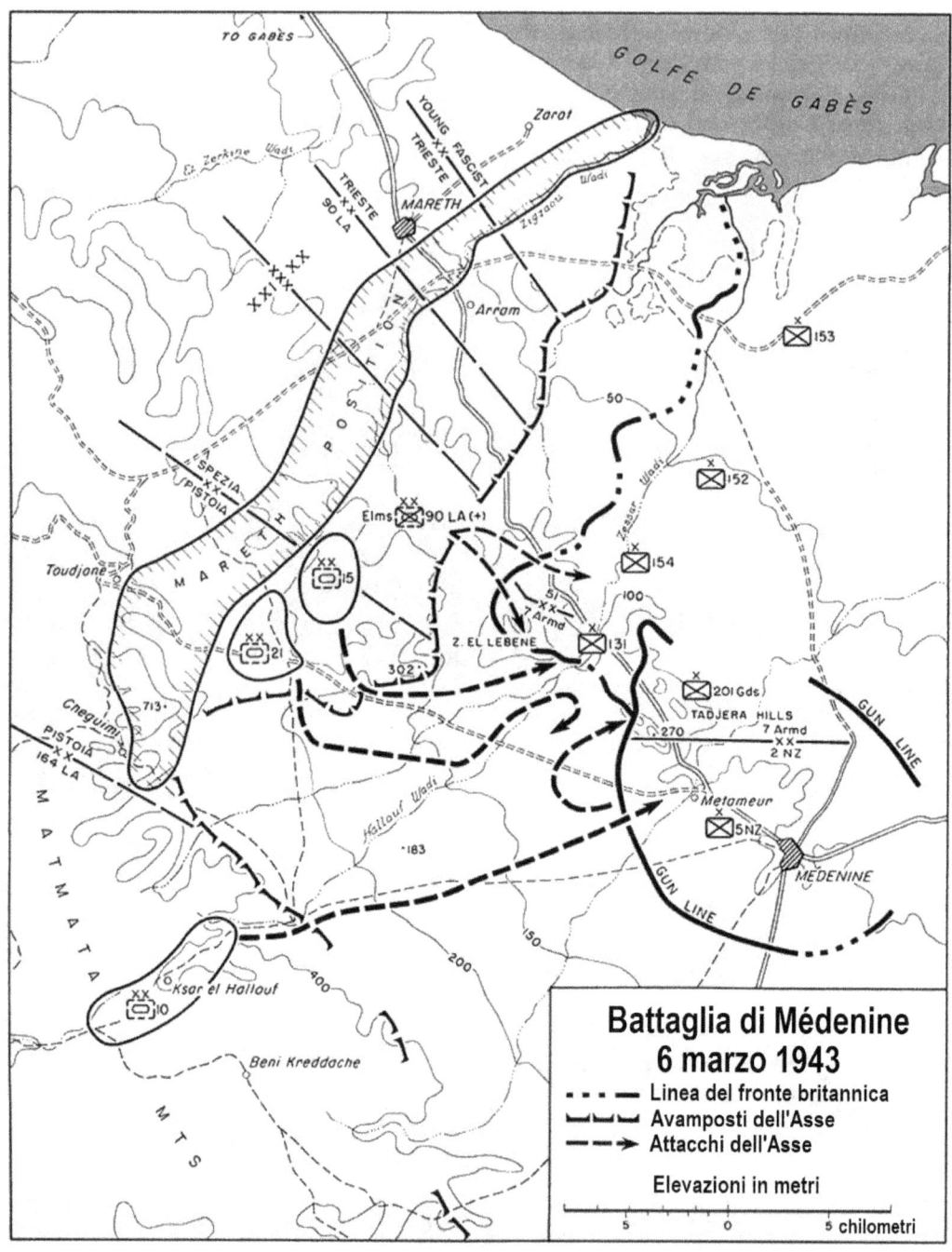

Tunisia 1943

Per ben tre volte, i carristi tedeschi reiterarono i loro disperati assalti, ma furono sempre respinti. Dopo poche ore di combattimenti, almeno 50 carri erano stati distrutti o gravemente danneggiati. Verso sera, il generale Messe, dopo essere stato informato dalla ricognizione aerea che numerose forze nemiche stavano muovendo su Medenine, propose a Rommel di sospendere l'offensiva e di far ripiegare tutti i reparti sulle posizioni di partenza. Rommel raccolse l'invito e per il giorno dopo, 7 marzo, tutti i reparti italo-tedeschi impegnati nell'offensiva, rientrarono nelle loro linee, riportando indietro anche tutti i veicoli ed i carri danneggiati nel corso degli scontri.

Semoventi italiani L/40 impegnati in un attacco contro le linee britanniche all'inizio della battaglia di Medenine, marzo 1943.

Un pezzo anticarro da 6 libbre servito da soldati *Gurkhas*.

Le perdite per le forze dell'Asse furono di oltre 600 uomini, tra caduti e feriti e 41 mezzi corazzati distrutti. Le perdite britanniche furono minime. Amareggiato e profondamente deluso, Rommel il 9 marzo lasciò definitivamente il fronte africano, ritornando in Germania ufficialmente perché: *"bisognoso di cure"*[2]. Il comando del gruppo di

Tunisia 1943

armate (*Heeresgruppe Afrika*) passò al generale von Arnim ed il comando della *5.Panzerarmee* passò al generale Gustav Fritz Julius von Vaerst, ma l'avvicendamento fu tenuto segreto per ragioni psicologiche sia per il nemico sia per gli stessi combattenti italo-tedeschi: sia Mussolini sia Hitler decisero che tutti dovevano continuare a credere che Rommel guidasse sempre le truppe dell'Asse sul fronte africano.

A sinistra, marzo 1943: il generale Messe, primo a destra, insieme al suo capo di stato maggiore, generale Giuseppe Mancinelli (al centro della foto) consultano una mappa con altri ufficiali del suo comando (USSME). A destra, il generale Gustav Fritz Julius von Vaerst.

Il generale Calvi di Bergolo in osservazione.

Soldati italiani sulla linea del Mareth, 1943.

La linea del Mareth

Il generale Messe si prodigò per riorganizzare le sue forze, malgrado la maggior parte delle unità fosse sotto organico e ci fossero problemi nei rifornimenti. In particolare furono riordinate le artiglierie, raggruppate al meglio, per impegnarle dove era necessario. Al 15 marzo 1943, la 1ª Armata italiana era sempre schierata sulla linea del Mareth, con i seguenti reparti (dal mare verso l'interno):

XX Corpo d'Armata (Generale Orlando)
- 136ª Divisione corazzata[3] *'Giovani Fascisti'* (Generale Nino Sozzani)
- 101ª Divisione di fanteria *'Trieste'* (Generale Francesco La Ferla)
- *90. leichte Afrika-Division* (Gen. Hans Graf von Sponeck)

XXI Corpo d'Armata (Generale P. Berardi)
- 80ª Divisione fanteria *'La Spezia'* Generale Gavino Pizzolato)
- 16ª Divisione fanteria *'Pistoia'* (Gen. G. Falugi)

Tunisia 1943

Volontari della divisione *'Giovani Fascisti'* con una mitragliatrice Breda 37 su una postazione difensiva sulla linea del Mareth, marzo 1943 (USSME).

Soldati tedeschi attestati sulla linea del Mareth, marzo 1943.

Fanteria inglese sulla linea del Mareth, marzo 1943.

- 164. *Leichte Afrika-Division* (Gen. Kurt von Liebenstein)

A difesa del passo di Tebega c'era il Raggruppamento sahariano (Generale Alberto Mannerini), mentre nel settore di Gafsa, era schierata la 131ª divisione corazzata *'Centauro'* (Generale Giorgio Carlo Calvi di Bergolo) con il 7° Reggimento bersaglieri. In appoggio alla 1ª Armata italiana c'erano la *19. Flak-Division*, con batterie da 16 × 88 millimetri e diverse batterie anti-aeree da 20 millimetri. Sulla costa, la *1. Luftwaffe Brigade*, poco più forte di un gruppo, era attestate dietro la divisione di fanteria *'Giovani Fascisti'*.

Montgomery schierava la sua 8ª Armata, che comprendeva: il XXX Corpo d'Armata, il X Corpo d'Armata (1ª e 7ª divisione corazzata), il Corpo Neozelandese, l'8ª Brigata corazzata ed il raggruppamento francese di Leclerc. Contro il settore di Gafsa, c'era il II Corpo d'Armata americano del generale Patton.

I paracadutisti della Folgore

Sulla linea del Mareth erano schierati anche una parte dei paracadutisti della *Folgore*, reduci dal fronte egiziano. Un piccolo reparto, il 285° Battaglione che fu ricostituito ed aggregato nel gennaio

Tunisia 1943

Il tenente Rolando Giampaolo, a sinistra in piedi, con altri paracadutisti della *Folgore* sul fronte di El Alamein, 1942.

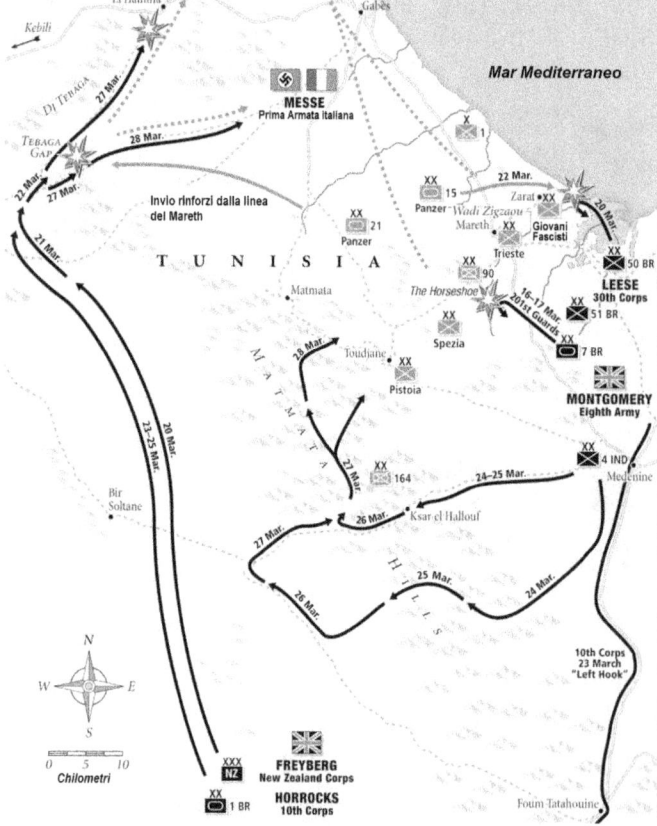

I movimenti dei reparti alleati e dell'Asse nel marzo 1943 sulla linea del Mareth.

1943 alla divisione *'Trieste'*, come terzo battaglione del 66° reggimento. L'unità comprendeva i superstiti della battaglia di El Alamein, quelli che non vi avevano partecipato perché in convalescenza e i nuovi rinforzi giunti dall'Italia. A questi soldati fu permesso di continuare a portare l'uniforme e i distintivi da paracadutista. Per il Comando Supremo, la divisione *Folgore* doveva essere ricostituita come unità di élite per essere impegnata in operazioni speciali, ma sul fronte tunisino, i reparti furono ancora una volta impegnati come fanteria leggera. Il battaglione agli ordini del capitano Carlo Lombardini, iniziò la campagna di Tunisia con circa 600 uomini, organizzati su cinque compagnie: 107ª, Capitano Riccardo Caroli, 108ª, Tenente Rolando Giampaolo, 109ª, Tenente Ludovico Artusi, 110ª, Tenente Vittorio Raffaelli e 111ª, Tenente Bosco Corradini.

Operazione Pugilist

Dopo il fallito tentativo delle forze italo-tedesche di conquistare Medenine, Montgomery decise di passare a sua volta all'attacco e colpire la linea del Mareth. Fin dalla sera del 16 marzo furono quindi condotte alcune azioni preliminari, per occupare delle solide basi di partenza per la nuova offensiva. Il 17 marzo, il II corpo d'armata del generale Patton attaccò le posizioni della *Centauro* e della

Tunisia 1943

21.Panzer-Division per conquistare Gafsa (*Operation 'Wop'*): i nostri carristi seppero tenere testa egregiamente ai reparti corazzati americani per molti giorni, fino a quando non furono rilevati dai reparti tedeschi della *21.Panzer-Division*.

L'artiglieria britannica apre il fuoco, marzo 1943.

Fanteria inglese in un fossato anticarro.

Bersaglieri del 7° reggimento con un pezzo anticarro da 47/32.

Posto avanzato della divisione *Trieste* sulla linea del Mareth.

Nella notte del 20 marzo, Montgomery iniziò la sua offensiva contro la linea del Mareth: alle 21:45 iniziò il fuoco di preparazione dell'artiglieria, poi alle 23:15 furono mandati avanti i reparti di fanteria. Contro i 620 carri alleati, la 1ª Armata italiana poteva opporre solo 94 mezzi corazzati. Tuttavia, malgrado la grande sproporzione di forze, per tutta la giornata del 21 marzo gli attacchi contro la linea del Mareth furono respinti: in particolare, l'attacco del *XXX Corps* di Leese, fu bloccato sull'Uadi Zig-Zaou, un torrente sempre in secca che le abbondanti piogge dei giorni precedenti avevano trasformato in un formidabile ostacolo naturale. All'alba del 22 marzo, reparti britannici della 50ª Divisione di fanteria appoggiati dal *50th Royal Tank*

Tunisia 1943

Lo stato maggiore di Messe sul fronte del Mareth, 1943.

Soldati italiani impegnati in combattimento, marzo 1943.

Artiglieri della divisione *La Spezia* con un cannone da 65/17 sulla linea del Mareth, marzo 1943 (USSME).

Regiment riuscirono a superare il torrente in piena, attraverso reticolati e campi minati, sotto il costante fuoco dell'artiglieria nemica e a stabilire una prima testa di ponte nei pressi di Zarat. Intuendo la fragilità della posizione nemica e nello stesso tempo la minaccia che essa poteva rappresentare, Messe decise di lanciare subito un contrattacco per eliminarla. Alle 13:30, dopo il fuoco di preparazione dell'artiglieria, reparti della *15.Panzer-Division* attaccarono la testa di ponte inglese che al tramonto fu completamente eliminata. Nel corso degli scontri, i britannici persero almeno 30 carri *Valentine*, mentre la *15.Panzer-Division* lamentò solo 3 carri danneggiati.

Bollettino numero 1031 del 22 marzo 1943

"In Tunisia, dopo intensa preparazione di artiglieria, il nemico ha iniziato ieri una violenta offensiva contro i settori centrale e meridionale del fronte. Aspri combattimenti sono in corso. L'aviazione dell'asse partecipa alla lotta battendo le retrovie avversarie e le colonne in movimento".

Operazione Supercharge II

Nel frattempo, l'attacco del corpo neozelandese di Freyberg nel settore di el-Hamma stava proseguendo, quindi Montgomery decise di

Tunisia 1943

rinforzarlo con tutta la 1ª divisione corazzata e da reparti francesi, pensando di poter conquistare la linea del Mareth con una manovra aggirante proprio su el-Hamma. Questa nuova operazione fu chiamata *Supercharge II* (la prima *Supercharge* era stato l'attacco alleato decisivo a el-Alamein) e doveva iniziare il 26 marzo: la ricognizione aerea italiana avvistò però in tempo i movimenti delle truppe neozelandesi e della altre unità al seguito, quindi tra il 23 e il 24 marzo, il generale Messe decise di far ripiegare le sue forze sulla linea dell'Uadi Akarit, circa 15 chilometri a nord di Gabes.

A sinistra, un *Pz.Kpfw.III* tedesco in marcia sul fronte tunisino, impegnato a portarsi su nuove posizioni e muovere all'attacco, marzo 1943. A destra carri *Crusader* britannici ad El Hamma.

Moto Guzzi *TriAlce* della divisione *La Spezia*, trainano i cannoni d'accompagnamento da 65/17 sul fronte africano.

Il ripiegamento si svolse lentamente, con i reparti impegnati a combattere ad oltranza, poi si accelerò per effetto dei terribili bombardamenti aerei alleati. Migliaia di soldati italiani, rimasti senza mezzi di trasporto, caddero in combattimento o furono catturati dai reparti alleati: lo stesso generale Pizzolato, comandante della divisione *La Spezia*, rimase ucciso durante un attacco dell'aviazione nemica. Il ripiegamento dei reparti proseguì quindi in una drammatica corsa contro il tempo. Il 26 marzo 1943, le forze neozelandesi, approfittando di una improvvisa e violenta tempesta di sabbia, giunsero sul fianco avanzato di Messe, minacciando anche le stesse posizioni dell'artiglieria. Le forze nemiche miravano a raggiungere la posizione di el-Hamma sulla costa, per poter tagliare fuori l'intera armata italiana. L'*Heeresgruppe Afrika* non aveva più riserve per fronteggiare questa nuova minaccia, tuttavia il *Generalleutnant* Willibald Borowitz, comandante della *15.Panzer-Division*, senza preoccuparsi minimamente della stragrande superiorità delle forze nemiche, decise di lanciare un contrattacco contro il fianco meridionale dei reparti

Tunisia 1943

neozelandesi. Con i pochi mezzi disponibili, riuscì a sfruttare l'elemento sorpresa, costringendo i neozelandesi ad effettuare una conversione a destra, allontanandoli così dal loro obiettivo principale. In questo modo, la *164. Leichte Afrika-Division* e la *21.Panzer-Division*, poterono organizzare uno sbarramento difensivo nei pressi di el-Hamma, permettendo alle forze di Messe di ripiegare verso le nuove posizioni.

L'equipaggio di un carro Tigre si concede un momento di pausa sul fronte tunisino, 1943.

Carri armati italiani M14/41 in combattimento sulle colline nella zona di el-Hamma-El Guettar, marzo 1943.

La battaglia di El Guettar

Nel settore di Gafsa il *II Corps* di Patton aveva iniziato i suoi attacchi fin dal 17 marzo, nel tentativo di sfondare in direzione della costa tunisina, ma tutti i suoi assalti a Maknassy erano stati sempre respinti dalle deboli ma combattive forze italo-tedesche. Particolarmente impegnati furono i reparti della *10.Panzer-Division* del *Generalleutnant* Friedrich von Broich, i reparti tedeschi dell'*Oberst* Rudolf Lang e la 131ª Divisione corazzata 'Centauro': le deboli forze della *Centauro*, comprendenti circa 6.000 uomini, 48 cannoni di piccolo calibro, 2 semoventi da 75/18, 18 carri armati M14/41, una dozzina di cannoni anticarro da 47/32 e una decina di autoblindo, dislocate su un fronte di 70 chilometri, resistettero per 12 giorni ai continui attacchi degli oltre 80.000 soldati americani, prima di essere rilevate dai reparti della *21.Pz.Div.* Le forze americane ripresero gli attacchi il 23 marzo, muovendo da Gafsa verso la linea difensiva italiana alle

Tunisia 1943

spalle delle nuove posizioni di Messe, minacciando uno sfondamento verso la costa. Ma furono respinti. Le forze dell'Asse tentarono di reagire lanciando un disperato contrattacco con la *10.Panzer-Division*, ma i carri tedeschi furono bloccati dal fuoco di sbarramento delle artiglierie nemiche. Nello stesso tempo, altre forze americane mossero all'attacco da ovest, dalla gola di Maknassy: l'*Oberst* Rudolf Lang, messo a capo di un gruppo da combattimento comprendente carri Tigre, due battaglioni di fanteria ed una batteria da 88, fu inviato in tutta fretta a Maknassy, bloccando la nuova minaccia.

Soldati della divisione *Centauro* su una posizione difensiva, marzo 1943.

Un carro *Tiger I* dello *s.Pz.Abt.501* sul fronte tunisino.

"*All'Uadi El Leben, il maggiore Friedrich Wilhelm Voss* [comandante del Panzer-Aufklärungs-Abteilung 21, ndA], *con un gruppo esplorante, trattiene la 1ª divisione Americana. Il passo Maknassy diviene teatro di un dramma che ha molti punti di contatto con l'antica impresa degli Spartani di Leonida. Il reparto, che già era stato al seguito di Rommel agli ordini del maggiore Medicus, tiene testa per più*

Tunisia 1943

di una settimana ad una divisione e mezza americana. Mezzo plotone di pionieri e parte di una compagnia, 80 uomini, combattono, agli ordini del tenente Brenner, come i guerriglieri di Andreas Hofer: fanno rotolare lungo i dirupi, grandi massi contro i carri che avanzano e li colpiscono con pietre. Gli Americani alfine si ritirano, spostandosi verso sud"[4].

Il generale Patton seduto ad osservare i movimenti delle sue truppe a El Guettar (U.S. Army).

Semovente da 47/32 su scafo L6/40 della divisione *Centauro*, ricoperto di fogliame a scopo mimetico, nel settore di El Guettar (USSME).

Bloccato a Maknassy, Patton decise di concentrare le sue forze per tentare una penetrazione ad El Guettar, ma anche questo attacco rinforzato non ebbe successo soprattutto a causa della presenza del fitto campo minato che gli italo-tedeschi avevano disposto all'imboccatura del passo, campo minato che fece registrare molte perdite tra i corazzati americani. Al 26 marzo, la *21.Pz.Div.* allineava solo 25 carri operativi e la *15.Pz.Div.* solo 3. Tuttavia queste unità, insieme ai resti della *Centauro*, continuarono a respingere gli attacchi alleati a El Guettar. Le forze italo-tedesche mantennero le posizioni, contrattaccando quando fu

Tunisia 1943

possibile: una delle migliori battaglie difensive combattute in terra d'Africa. Malgrado le perdite subite, Messe riuscì alla fine a salvare gran parte della sua armata, come scrisse lui stesso[5]: *"L'ambizioso progetto di distruggere la Prima Armata italiana chiudendola tra l'attacco frontale a Mareth, l'attacco di fianco a el Hamma e l'attacco alle spalle a El Guettar e a Maknassy, fallì completamente. La Prima Armata, invece, pur riportando gravi perdite, lungi dall'essere accerchiata e distrutta, aveva potuto ripiegare, secondo il proprio piano, sulla linea dell'Akarit, conservando buona parte della sua efficienza"*.

L'equipaggio di una autoblindo AB 41 si appresta a salire a bordo.

Artiglieria italiana.

Truppe indiane dell'8ª armata sulla linea del Mareth.

Solo il 28 marzo, le forze britanniche di Montgomery provenienti da sud riuscirono a penetrare le fortificazioni italo-tedesche sulla Linea del Mareth, congiungendosi con quelle americane, preparandosi a nuove offensive.

La battaglia dell'Uadi Akarit

All'inizio di aprile, l'armata italiana si ritrovò dunque schierata lungo il corso del Wadi (Uadi) Akarit e sulle colline oltre le quali si estendeva la piana costiera di Tunisi e Biserta. Le forze italo-tedesche erano così schierate, dal mare verso l'interno: il XX Corpo d'Armata con le divisioni *Giovani Fascisti*, *90. leichte Afrika-Division*, *Trieste* e *La Spezia* e il XXI Corpo d'Armata con la divisione *Pistoia* e quindi il Raggruppamento Sahariano. In particolare, la *Giovani Fascisti* e la *90. leichte Afrika-Division* si trovavano sul Wadi Akarit, la *Trieste* a Jebel Roumana, la divisione *'La Spezia'* sul terreno elevato di Fatnassa e la *Pistoia* a Haidoudi. I reparti corazzati, comprendenti elementi della *15.Panzer-Division* e del *Panzergrenadier-Regiment 200* (*90.Leichte-Division*), furono trasferiti in riserva per poter

Tunisia 1943

essere impegnati in eventuali contrattacchi. Naturalmente il rapporto di forze continuava ad essere a favore dell'8ª Armata britannica: 1.500 cannoni britannici contro i 500 cannoni dell'Asse, 1.200 carri britannici contro i 130 italo-tedeschi. Nei cieli, l'aviazione alleata dominava incontrastata sempre poiché tutti gli aerei italiani del settore meridionale del fronte tunisino erano stati completamente distrutti o danneggiati.

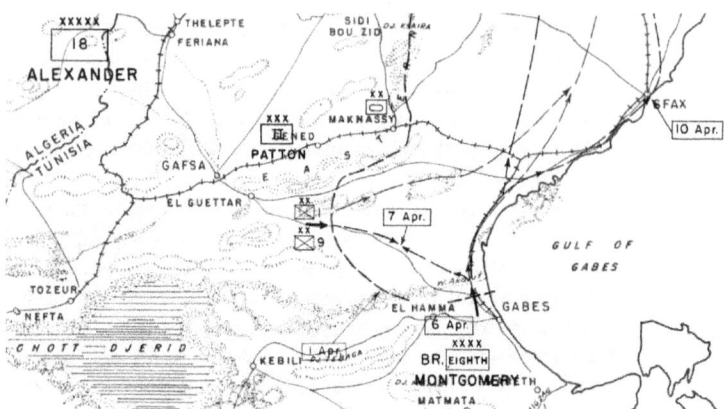

La zona dei combattimenti nella Tunisia meridionale.

Montgomery.

Una posizione difensiva della divisione *La Spezia* nel settore di Jebel Roumana, aprile 1943 (USSME).

Un mortaio *Brixia* mod.35 della divisione *Pistoia*.

Il piano di Montgomery prevedeva un attacco a sorpresa notturno con i reparti della *4th Indian Infantry Division* contro gli avamposti della divisione 'La Spezia' a Fatnassa ed altri attacchi da parte della *50th (Northumbrian) Infantry Division* e della *51st Highland Division*, contro le posizioni della *Trieste* a Jebel Roumana.

Gli attacchi alleati contro le posizioni italo-tedesche sul Wadi Akarit (*Operation Scipio*) iniziarono quindi nella notte tra il 5 ed il 6 aprile: alle 23:00 del 5 aprile, l'artiglieria britannica iniziò un massiccio fuoco di preparazione, facendo saltare i collegamenti tra i vari reparti dell'Asse. All'alba del 6 aprile, iniziò l'attacco delle fanterie: la *4th Indian Infantry*

Tunisia 1943

Un pezzo anticarro da 47/32 della *Giovani Fascisti*.

Soldati della *4th Indian Infantry Division* impegnati ad attaccare le posizioni dell'Asse sul Wadi Akarit, aprile 1943 (*National Army Museum*).

Una postazione difensiva italiana con una mitragliatrice pesante *Breda 37* sul fronte tunisino, aprile 1943 (USSME).

Division sulla sinistra, la *50th (Northumbrian) Infantry Division* al centro e la *51st Highland Division* a destra, appoggiate dall'artiglieria e dall'aviazione. Malgrado lo sforzo principale si concentrasse contro le posizioni della divisione *'La Spezia'*, anche quelle della *Trieste* subirono una forte pressione da parte dei reparti di fanteria della *51st Highland Division*, appoggiati da uno squadrone corazzato del *4th County of London Yeomanry*. Verso le 6:00, la cima del Roumana fu conquistata dalla *51st Highland Division* e circa un'ora dopo, i carri *Crusader* aprirono due larghe brecce a sinistra delle alture. Nello stesso tempo, la *154th Scottish Brigade* seguì i reparti corazzati e travolse le posizioni del *II/65 'Trieste'*, minacciando l'intero fianco sinistro italo-tedesco. Malgrado l'apertura di un'ampia breccia tra le posizioni della *Trieste*, in particolare sulla quota 102, il battaglione della *Folgore* riuscì con grande sacrificio a contenere la pressione nemica, respingendo i reiterati attacchi degli *Argyll and Sutherland Highlanders*. In questo modo, permise al comandante della *Trieste*, Generale Francesco La Ferla, di chiudere la breccia aperta. Furono inviati di rinforzo alcuni battaglioni della *'Giovani Fascisti'* e il *III/65 'Trieste'*, mentre il fuoco delle batterie divisionali fu diretto contro i settori più minacciati. Una volta bloccato l'attacco degli *Highlanders*, fu lanciato un contrattacco con il *Panzergrenadier-Regiment 200* ed alcuni elementi della *Trieste*, inclusa la

Tunisia 1943

Un pezzo anticarro da 47/32 della divisione *La Spezia* su una postazione difensiva in Tunisia, 1943 (USSME).

Soldati italiani con una mitragliatrice *Breda 37*.

108ª compagnia *'Folgore'*. L'azione colse di sorpresa gli *Highlanders* che furono costretti ad abbandonare alcune posizioni occupate, tra cui la cima del Roumana e la penetrazione sul fianco sinistro della *Trieste*. Per il valore dimostrato sul campo, il tenente Rolando Giampaolo, comandante della 108ª compagnia *'Folgore'* fu decorato con la Medaglia d'Argento al Valor Militare.

Nel corso della notte del 6 aprile, il fronte difensivo della *Trieste* fu completamente ripristinato grazie ai contrattacchi italo-tedeschi, ma i successi ottenuti dalla *4th Indian Infantry Division* sul fronte della divisione *'La Spezia'* e la conseguente minaccia di aggiramento delle difese dell'Asse, convinse i comandi ad abbandonare la linea del Wadi Akarit per effettuare un nuovo ripiegamento di ben 250 chilometri, attestandosi sulla linea Enfidaville-Mansour. Scrisse il generale Alexander, comandante di tutte le forze terrestri alleate impegnate nell'Africa settentrionale: "....*La battaglia del Wadi Akarit durò un solo giorno, ma la lotta venne descritta da Montgomery come la più violenta e selvaggia di tutte le altre dopo El Alamein*". Lo stesso Montgomery riconobbe che: "...*con immensi sforzi il nemico mi impedì di sboccare in terreno libero prima dell'imbrunire*". Il ripiegamento dal Wadi Akarit si svolse dal 6 al 13 aprile, con le forze italo-tedesche impegnate in combattimenti di retroguardia, che servirono non solo a rallentare l'avanzata nemica ma anche ad infliggere nuove perdite alle incalzanti forze alleate.

Note

[1] Qualche giorno dopo, una pattuglia tedesca trovò in tasca ad un sottufficiale inglese catturato, un pezzo di carta sul quale erano riportate esattamente le modalità dell'azione; solo la data era sbagliata: era indicato il 4 marzo. Montgomery aveva dunque avuto due giorni di tempo supplementari per preparsi all'assalto nemico.

[2] L'11 marzo 1943, Rommel fu decorato con la Croce di Cavaliere con Fronde di Quercia, Spade e Diamanti (*mit Eichenlaub, Schwertern und Brillianten*), primo ufficiale tedesco a ricevere questa decorazione.

[3] La grande unità non fu mai completata nei suoi organici, e non dispose mai di mezzi corazzati: il 1º Reggimento fanteria carrista, che le fu brevemente assegnato e poi revocato, non giunse infatti mai in Libia.

[4] Paul Carell, "*Le volpi del deserto*", pagina 591.

[5] Messe, "*La mia armata in Tunisia. Come finì la guerra in Africa*", Mursia.

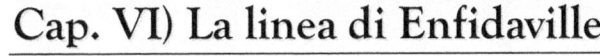
Cap. VI) La linea di Enfidaville

Il ripiegamento delle forze italo-tedesche si concluse quindi il 13 aprile, quando i reparti si attestarono sulle colline a nord di Enfidaville; la linea difensiva, lunga circa 30 chilometri, si imperniava su due colli, il Djebel Garci (alto circa 300 metri) e il Takrouna (alto circa 200). Le perdite erano state enormi e la maggior parte delle divisioni erano ridotte ormai alla forza effettiva di semplici Brigate o addirittura Reggimenti. Nello stesso stato si trovavano anche le divisioni tedesche, con gli organici gravemente ridotti. Dalle parole di Messe: "*Furono conservate tutte le divisioni, tranne la* Centauro *già disciolta*[1]*, ma esse in realtà non erano più che delle leggere Brigate miste. Soltanto qualche battaglione raggiungeva la forza massima del cinquanta per cento degli organici previsti. Anche le divisioni tedesche avevano gli organici gravemente ridotti*".

Una postazione difensiva italiana in Tunisia, primavera 1943 (USSME).

Sulla linea di Enfidaville si svolsero due battaglie, la prima dal 19 al 30 aprile e la seconda, dal 9 al 13 maggio 1943. Alla vigilia della prima battaglia lo schieramento della 1ª Armata italiana, dalla costa orientale, le unità erano così dislocate: la *90.Leichte Division* e la divisione *Giovani Fascisti* erano attestate sulle posizioni vicino al mare, le divisioni *Pistoia* e *Trieste* difendevano le posizioni centrali, con il I battaglione del 6° reggimento della *Trieste* a Takrouna, mentre elementi della *Pistoia* erano a Djebel Garci. La *164. Leichte Division* difendeva invece gli strategici passi montani a Saouaf. In riserva c'erano la *15.Pz.Div.*,

Tunisia 1943

Un pezzo italiano da 75/27 apre il fuoco, 1943.

Una postazione antiaerea italiana, aprile 1943.

rimasta con 4 carri operativi e 21 in riparazione, il *Raggruppamento corazzato Piscicelli* (formato con i resti della *Centauro* e comprendente 2 semoventi 75/18, 18 carri M14 e 10 autoblindo AB41), un battaglione della *Pistoia* e due battaglioni di avieri. Nel riorganizzare le difese a Enfidaville, il generale Messe individuò nelle due cime del Garci e del Takrouna due posizioni fondamentali, dalle quali si poteva praticamente tenere sotto controllo tutto il fronte, osservare i movimenti del nemico e dirigere con precisione il fuoco delle artiglierie. In particolare, la rocca di Takrouna, grazie alla sua altezza ed alla sua posizione avanzata, rappresentava il fulcro della difesa a Enfidaville, come riferisce lo stesso Messe: "...*Quando ispezionai il nostro sistema difensivo mi avvidi subito dell'importanza che la cima di Takrouna poteva avere su tutta la linea, trovandosi avanzata e quasi separata dagli altri capisaldi. Decisi di usarla come una posizione indipendente, la cui funzione sarebbe stata quella di dividere il primo impeto dell'attacco nemico e dirigerlo verso i settori costiero e centrale*".

La posizione di Takrouna sarebbe stata difesa principalmente da armi leggere automatiche ben nascoste che avrebbero bloccato i suoi pochi accessi[2]. Al comando del caposaldo c'era il capitano Mario Politi ed ai suoi ordini c'erano 440 uomini, membri del I Battaglione del 66° Reggimento *'Trieste'*, di una sezione di artiglieria con due pezzi da 65/17 e di un plotone della *10.Kompanie* del *III./Panzergrenadier-Regiment 47* della *21.Pz.Div*. Il plotone tedesco fu posto a difendere la cima del Takrouna, mentre i reparti della *Trieste* andarono ad occupare una serie di *bunker* e di nidi di mitragliatrici, protetti da filo spinato, disposti lungo il crinale e nello stesso villaggio. La 2ª compagnia del *I/66 'Trieste'* era attestata nella

Tunisia 1943

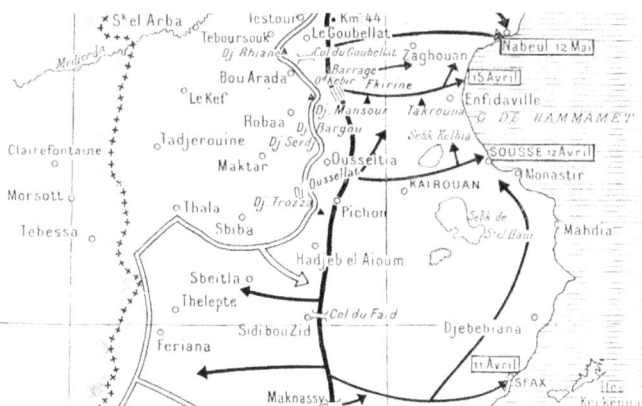

L'avanzata delle forze alleate verso Tunisi, tra l'aprile ed il maggio 1943.

Uomini e mezzi della 50ª divisione britannica in marcia nella piana di Sfax per raggiungere la zona di Enfidaville, aprile 1943 (IWM).

Il generale Messe sul fronte tunisino, primavera 1943.

parte bassa di Takrouna ed aveva il compito di bloccare qualsiasi attacco nemico dal retro ed in particolare dalla vicina collina di Djebel Bir. La 1ª compagnia era attestata a metà altezza, con le armi puntate verso nord e verso est. La 4ª compagnia era era più in lato, con le armi puntate verso ovest e verso sud. I pezzi di artiglieria furono dislocati sull'altipiano presente sul fianco orientale. Ai reparti fu ordinato di mantenere le posizioni il più a lungo possibile per tenere il nemico lontano dalla linea difensiva principale, continuando a resistere anche se fossero stati completamente circondati.

Il piano di Montgomery prevedeva due fasi: nella prima, si dovevano conquistare Takrouna con la 5ª brigata neozelandese e la collina di Djebel Bir con la 4ª divisione indiana. Dopo aver eliminate queste due posizioni, sarebbero entrati in azione i reparti della 7ª divisione corazzata per sfondare il fronte italo-tedesco.

La prima battaglia di Enfidaville

Gli attacchi nemici contro le posizioni dell'Asse ad Enfidaville iniziarono nella tarda serata del 19 aprile 1943, con un massiccio fuoco dell'artiglieria alleata che investì particolarmente i settori centrali dello schieramento difensivo, con gli speroni rocciosi del Garci e del Takrouna ed il centro

Tunisia 1943

di Enfidaville. Nello stesso tempo, reparti corazzati nemici avanzarono lungo la costa, in direzione nord-ovest: ma grazie alla tenace resistenza opposta dai reparti della *Trieste* e della *Giovani Fascisti*, la minaccia fu bloccata a nord di Takrouna.

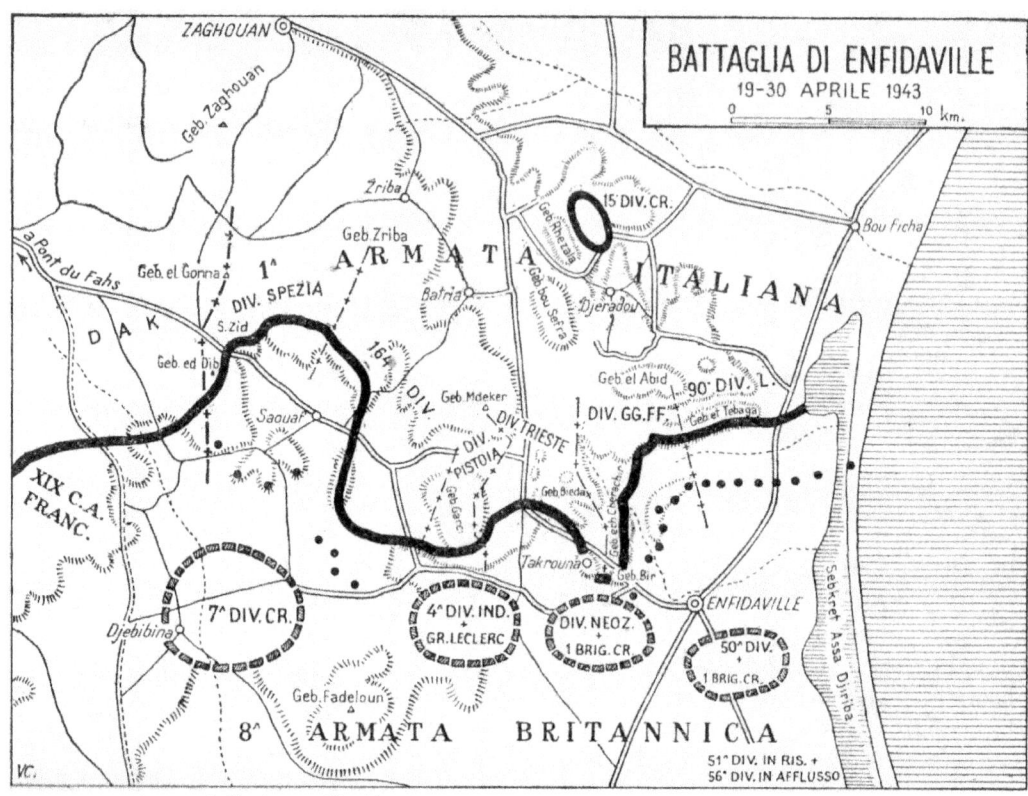

Mappa della battaglia (da G. Messe, "*La mia Armata in Tunisia*", pag. 220).

Lo sperone roccioso del Takrouna, teatro di durissimi scontri tra le truppe dell'Asse e i reparti neozelandesi.

Nel settore della divisione *Pistoia*, la 5ª brigata di fanteria indiana attaccò alle prime luci dell'alba il gebel Blida, appoggiata da un massiccio fuoco di artiglieria: seguirono duri combattimenti difensivi che videro particolarmente impegnati il III Gruppo *Novara*, un plotone del reggimento corazzato *Lodi* e il 340° battaglione mitraglieri, ma alla fine i reparti nemici prevalsero. Sempre all'alba del 20 aprile, si scatenò l'assalto contro lo sperone roccioso del Takrouna, valorosamente difeso dal gruppo da combattimento del capitano Mario Politi. Contro la posizione di Takrouna, i neozelandesi impegnarono il 21°

Tunisia 1943

Artiglieria britannica in azione, primavera 1943 (IWM).

Soldati Maori all'assalto di una collina.

Un cannone italiano da 75/46 si prepara ad aprire il fuoco (USSME).

battaglione, che aveva ricevuto l'ordine di conquistare la cima e l'altura posta al di sotto, con un attacco da sud-ovest ed il 28° battaglione Maori, che doveva invece conquistare prima Djebel Bir, la cima dietro il Takrouna, e poi convergere su quest'ultima dal fianco orientale. I due battaglioni erano stati rinforzati entrambe con un reparto di cannoni da 6 libbre, un plotone di mitragliatrici pesanti e 3 carri *Crusader*. Dopo il terribile bombardamento dell'artiglieria britannica iniziato alle 23:00 del 19 aprile e terminato alle 6:00 del giorno seguente, subito dopo l'artiglieria nemica iniziò a colpire le posizioni difensive e poi fu lanciato l'attacco dei reparti di fanteria. L'artiglieria dell'Asse effettuò fin dalle prime ore del giorno tiri di contobatteria, colpendo con efficacia le posizioni del 21° battaglione neozelandese. Lo stesso battaglione, non appena si avvicinò al versante occidentale di Takrouna finì sotto il fuoco delle mitragliatrici e dei cannoni italiani, lamentando pesanti perdite. Intorno alle 6:00, i soldati neozelandesi riuscirono a trincerarsi sul lato destro dello sperone, da dove iniziarono un fitto scontro a fuoco a distanza con i soldati della *Trieste* che dall'alto delle loro postazioni avevano il vantaggio di poter tirare con maggiore precisione, infliggendo nuove perdite al nemico. Proprio a causa delle gravi perdite subite, il brigadiere generale Howard Kippenberger, comandante della 5th *Infantry Brigade*, ordinò il ritiro del 21° battaglione, chiedendo nuovi rinforzi. Dopo poche ore, giunsero a bordo di autocarri alcune compagnie del 23°

battaglione, subito impegnate in un nuovo attacco, appoggiato dai carri armati contro il fianco destro di Takrouna. Proprio i reparti del 23° battaglione riuscirono al mattino ad eliminare alcune posizioni italiane, lamentando però pesanti perdite.

A sinistra, la posizione di Takrouna sottoposta ai pesanti bombardamenti britannici (IWM). A destra, il capitano Gastone Giacomini, comandante della 1ª compagnia del I/66, attestata a mezza costa del crinale di Takrouna.

Soldati italiani impegnati in un attacco sul Takrouna.

Nel corso dei durissimi scontri, i neozelandesi avevano perso i due comandanti di battaglione ed una compagnia aveva visto cadere in combattimento tutti i suoi ufficiali, una cinquantina di soldati oltre a riportare quaranta feriti gravi. Alla fine i due battaglioni nemici furono costretti a trincerarsi sui fianchi di Takrouna, sotto il fuoco degli italiani. Nel frattempo, una compagnia del 28° battaglione Maori riuscì a fare maggiori progressi, attaccando prima il caposaldo di Djebel Bir: il reparto tedesco che lo difendeva, una compagnia del *Panzergrenadier-Rgt 47* della *21.Panzer-Division*, pur opponendo una forte resistenza, venne travolto, lasciando aperta la strada verso il Takrouna. Infatti, muovendo proprio dal Djebel Bir, un plotone del 28° battaglione risalì il crinale del Takrouna e con le baionette inastate, attaccò le posizioni della 2ª compagnia della *Trieste*, sul fianco dell'altura. I soldati italiani lanciarono un contrattacco per rompere l'accerchiamento, ma dopo un furioso combattimento corpo a corpo con i maori, furono costretti a ripiegare. In questo modo si attestò saldamente sul caposaldo. Nel frattempo, i reparti del 23° e del 28° battaglione furono impegnati alla base dell'altura, per tentare di circondare tutta l'area. Poco dopo, un plotone del 21° battaglione riuscì ad unirsi ai maori attestati sulla cima, portandosi dietro mortai e mitragliatrici, subito impiegati contro le posizioni italiane ancora esistenti.

Tunisia 1943

Tenente Rolando Giampaolo.

L'abitato di Takrouna visto dalla cima dell'omonima altura, 1943.

Situazione disperata

La situazione nel corso della mattinata si fece particolarmente critica, con i neozelandesi saldamente attestati sulla cima dell'altura e gli italiani trincerati sulle posizioni poste a mezza altezza. Inoltre, l'artiglieria britannica continuò a bombardare pesantemente e incessantemente le posizioni italiane. Queste erano state completamente circondate e stavano iniziando anche a scarseggiare le munizioni. Di fronte alla gravità della situazione e per evitare di perdere l'intera Takrouna, il comandante della divisione *Trieste*, il generale Francesco La Ferla, decise di impegnare i reparti della *Folgore* per tentare di cacciare i neozelandesi dallo sperone. Due compagnie di paracadutisti della *Folgore*, ricevettero l'ordine di recuperare i soldati dispersi su Takrouna e riorganizzare le difese. La 108ª compagnia, agli ordini del tenente Rolando Giampaolo e la 112ª compagnia, agli ordini del tenente Giulio Orciuolo. Entrambe comprendevano circa 180 uomini, i resti dei 600 effettivi iniziali del battaglione paracadutisti presenti nel gennaio del 1943. Era stato deciso di lanciare inizialmente un attacco frontale con una compagnia di granatieri di Sardegna, agli ordini del sottotenente Delfo Filetti, comprendente circa 80 uomini per rompere l'accerchiamento nemico e nello stesso tempo, individuare le posizioni dei neozelandesi per poi lanciare l'attacco con le due compagnie della *Folgore*. A mezzogiorno del 20 aprile, l'artiglieria ed i mortai iniziarono a bombardare le posizioni nemiche. Dopo circa due ore fu lanciato l'attacco dei granatieri, i quali malgrado l'impeto ed il valore non riuscirono a penetrare l'anello difensivo nemico intorno alla base di Takrouna, malgrado il fuoco di appoggio delle armi automatiche. Le perdite furono pesanti. Entrarono allora in azione i paracadutisti, che finirono anch'essi sotto il fuoco dell'artiglieria e delle mitragliatrici nemiche. Giunti a metà strada, incontrarono una squadra mitraglieri della compagnia granatieri, impegnata nell'attacco frontale. Il suo

Tunisia 1943

comandante, riuscì a fornire importanti informazioni circa le difese nemiche intorno alla cima, occupata da due plotoni. Inoltre, fu segnalata la presenza di numerosi tiratori scelti lungo il crinale e nel villaggio. In base alle informazioni ricevute, come riferito dal tenente Cesare Andreolli[3]: "*...fu deciso per una manovra a tenaglia, con una compagnia responsabile dell'attacco alla fortezza da destra mentre l'altra procedeva da sinistra, combinando le forze per vincere la resistenza nemica presente al di sopra del villaggio*".

Paracadutisti della *Folgore* durante l'assalto alla collina di Takrouna, aprile 1943.

Tenente Cesare Andreolli.

La compagnia del tenente Orciuolo, avendo come obiettivo la rottura dell'assedio a Takrouna, fu impegnata a rastrellare il centro abitato, mentre la compagnia di Giampaolo si diresse verso la cima per riconquistarla. I combattimenti per la conquista del villaggio furono molto duri, con scontri a distanza ravvicinata con i soldati neozelandesi, nascosti all'interno delle case. La battaglia si frammentò in tanti piccoli scontri isolati, tra gruppi armati e poco alla volta, i soldati italiani riuscirono ad eliminare ogni centro di resistenza, casa per casa e strada per strada. Malgrado l'arrivo di alcuni rinforzi ai soldati maori, verso le 20:00, la maggior parte delle posizioni nemiche erano state conquistate e furono catturati numerosi prigionieri. Furono riconquistate anche le posizioni della 2ª compagnia della *Trieste* sulle pendici orientali di Takrouna così come furono recuperati due pezzi di artiglieria leggera. Da parte italiana, si lamentò la perdita

Tunisia 1943

Soldati maori sul Takrouna.

Un pezzo *Flak* da 88 in azione.

di circa quaranta uomini. Mentre erano ancora in corso questi combattimenti, un plotone comprendente una decina di paracadutisti, agli ordini del tenente Andreolli, lanciò un attacco contro altre postazioni nemiche, situate lungo il crinale, da dove avevano operato i cecchini nemici. Nel frattempo, all'interno del villaggio, un gruppo di neozelandesi nascosti in una casa, lanciò un ultimo disperato contrattacco, che si concluse con la morte e la cattura di tutti i soldati nemici. Ma non era finita. Dopo aver perso il centro abitato e le posizioni sul crinale, i neozelandesi fecero intervenire la loro artiglieria e i loro reparti corazzati per attaccare nuovamente Takrouna. Una formazione corazzata circondò l'altura, tirando contro le posizioni italiane: dopo un serrato scontro a fuoco durato pochi minuti, i carri britannici finirono sotto il tiro di due cannoni *Flak* da 88mm tedeschi. Ben appostati su una posizione nascosta, i micidiali '88' colpirono numerosi carri nemici, costringendo gli altri a ripiegare. Subito dopo l'artiglieria della *Trieste* iniziò un massiccio fuoco di sbarramento che allontanò ogni ulteriore tentativo offensivo del nemico. L'artiglieria britannica rispose quasi subito al fuoco italiano, nella vana speranza di sommergere la guarnigione di Takrouna sotto una valanga di ferro e di fuoco.

Takrouna è ancora tenuta dagli italiani

In mano ai neozelandesi restavano ancora la cima e alcune posizioni sul crinale del Takrouna. Ai paracadutisti della *Folgore* restava un solo modo per raggiungere i loro camerati sulle posizioni a metà altezza di Takrouna: scalare la parete settentrionale e risalire un canalone lungo una quindicina di metri che portava direttamente in cima. Continuare ad attaccare in campo aperto, lungo il sentiero che portava al villaggio, avrebbe significato subire altre inutili perdite. Pur rischiosa, la scalata del roccione rappresentava l'unica possibilità per riconquistare Takrouna. Venne quindi formata una squadra d'assalto, selezionando naturalmente degli esperti scalatori con esperienza di guerra in montagna: alla fine furono scelti dodici uomini, due fanti della *Trieste*, nove paracadutisti ex-alpini ed un soldato tedesco. Per la rischiosa azione, i volontari furono armati con armi leggere, pistole e bombe a mano e solo tre di essi furono equipaggiati con armi automatiche. Alle 21:00, con il favore delle tenebre, la squadra d'assalto iniziò la scalata utilizzando corde e baionette. Dopo circa un'ora, senza farsi scorgere dal nemico, i

Tunisia 1943

Il villaggio di Takrouna in una foto del 1943 (USSME).

Un gruppo di soldati maori del 28° battaglione su una postazione nei pressi di Takrouna, impegnati ad assistere alcuni feriti, aprile 1943.

Reparti di fanteria britannici in marcia alla periferia di Enfidaville, primavera 1943 (IWM).

soldati raggiunsero la base della cima. Dopo aver ripreso fiato, attaccarono e conquistarono la postazione principale nemica a colpi di baionetta e lanci di bombe a mano. Con i neozelandesi impegnati a respingere l'attacco sulla cima, il resto dei paracadutisti attaccò, risalendo l'altura lungo il sentiero principale, eliminando le posizioni nemiche dopo furiosi scontri corpo a corpo. Quando i due gruppi d'assalto italiani si riunirono, continuarono ad eliminare le restanti posizioni ancora in mano al nemico all'interno dell'abitato. I combattimenti casa per casa proseguirono per alcune ore ed alle 2:00, dopo aver eliminato l'ultima sacca di resistenza dei maori, la cima ritornò in mano agli italiani.

Dal diario di guerra della divisione motorizzata Trieste[4]: "...Muovendosi con il vigore caratteristico delle migliori truppe d'assalto, il battaglione della Folgore scacciò il nemico casa dopo casa, roccia dopo roccia, costringendolo a saltare nei precipizi presenti nel lato est della montagna. Tutte le posizioni perdute furono riconquistate, il rastrellamento portò via molte ore e la situazione non poté dirsi completamente ripristinata fino quasi all'alba del 21 aprile". Scrisse il generale Messe a riguardo[5]: "Sul Takrouna la lotta è veramente epica; i centri di fuoco sulle falde dell'altura continuano a fulminare i reparti nemici che vengono letteralmente decimati; anche i nostri elementi sono assoggettati al fuoco concentrico nemico e al tiro di cecchinaggio da parte di elementi annidatisi nelle case sulla vetta del cucuzzolo, vero torrione quasi inaccessibile. Contro questi

Tunisia 1943

partono all'attacco, col classico slancio dei paracadutisti, le compagnie del battaglione di formazione Folgore. Per tutto il pomeriggio fino a sera e nella notte è una vera caccia di casa in casa, di sasso in sasso; le perdite sono micidiali per entrambi i contendenti".

Capitano Mario Leonida Politi (USSME).

Furono intercettati numerosi messaggi radio del nemico, che continuavano a ripetere: *"Takrouna è ancora tenuta dagli italiani"*. Da Radio Londra, i comandi militari inglesi tentarono di giustificare il loro insuccesso, giungendo ad affermare: *"sul Takrouna l'Italia ha fatto affluire i suoi migliori soldati"*. Un grande riconoscimento al valore dei nostri soldati in terra d'Africa.

L'ultimo assalto

Quindi all'alba del 21 aprile, i paracadutisti della *Folgore* avevano riconquistato il Takrouna. Erano stati catturati anche 150 prigionieri, tutti membri del 21° e del 28° battaglione neozelandesi. Al mattino di quella stessa giornata, il brigadiere generale Kippenberger, inviò nuovi rinforzi per tentare di cacciare ancora una volta gli italiani dal Takrouna. La sua cima ed il crinale furono bombardati pesantemente dall'artiglieria nemica, in previsione del nuovo attacco dei reparti di fanteria. Dopo circa quattro ore di bombardamenti dell'artiglieria, i soldati del 28° battaglione neozelandese attaccarono: i maori risalirono le pendici orientali del Takrouna.

Tunisia 1943

Soldati maori trasferiti a bordo di camion nei pressi del Takrouna per partecipare all'attacco.

Generale Giovanni Messe (USSME).

I soldati italiani saltarono fuori dalle loro trincee affrontandoli in furiosi corpo a corpo. Inferiori di numero, alla fine furono completamente travolti dalla fanteria nemica. Malgrado le gravi perdite subite, i maori proseguirono l'attacco riuscendo a circondare il *bunker* dove si erano riparati i resti delle truppe dell'Asse rimaste sul Takrouna. La posizione continuò a resistere tenacemente, lanciando anche alcuni contrattacchi per allentare la pressione nemica. La situazione si fece subito critica, per la mancanza di munizioni e di rifornimenti. Nel frattempo, anche gli altri capisaldi italiani furono attaccati.

Alle 14:45, il capitano Mario Politi inviò al comando della *Trieste* il seguente messaggio via radio[6]: "*Situazione criticissima, disperata. Abbiamo sparato le ultime cartucce. Le perdite sono ingenti. Il nemico ha occupato quasi totalmente le posizioni. Moltissima la fanteria nemica che aumenta sempre. In basso hanno numerosissimi carri armati. Situazione disperata. Fare presto, fare presto*".

Il generale Messe ordinò che fossero subito inviati dei rinforzi sul Takrouna. Fu scelta la 103ª compagnia arditi (camionettisti), che si era già distinta durante i combattimenti sulla linea di Akarit. Rimasta con soli 80 uomini, l'unità dopo essere stata avvistata dalla ricognizione aerea britannica, finì sotto il fuoco nemico e quindi non riuscì a raggiungere in tempo il Takrouna. Verso le 17:00, fu captato dal comando della divisione *Trieste* un ultimo messaggio proveniente dal Takrouna: "*la stazione è assalita da elementi nemici*". Poi fu il silenzio. Nella serata del 21 aprile, la posizione di Takrouna poteva considerarsi perduta, tranne qualche piccolo focolaio di resistenza che continuò a respingere gli assalti nemici fino al giorno dopo. Si concludeva così una delle pagine più belle della storia militare italiana scritte con il sangue dei nostri valorosi combattenti, che avevano ripercorso le gesta degli eroi di Cheren e di El Alamein.

Tunisia 1943

Bollettino di guerra N. 1062 del 22 aprile 1943: "*Nella tenacissima difesa di un elemento avanzato della nostra linea si è particolarmente distinto il I° battaglione del 66° Reggimento fanteria Trieste che, al comando del capitano Mario Politi da Sulmona, ha inflitto ingenti perdite alle unità neozelandesi attaccanti*".

Un mortaio *Brixia* da 45mm su una postazione difensiva italiana durante i combattimenti nel settore di Enfidaville, aprile 1943 (USSME).

Una centralina italiana per il tiro antiaereo in Tunisia.

Le perdite subite dalle forze dell'Asse durante i combattimenti per Takrouna furono pesanti: il battaglione *'Folgore'* lamentò la perdita di una quarantina di paracadutisti, quasi tutti prigionieri. Il battaglione della *Trieste* lamentò 12 caduti (2 ufficiali), 54 feriti (6 ufficiali) e 719 dispersi (27 ufficiali). I reparti tedeschi lamentarono 3 caduti, 4 feriti e 73 dispersi.

I neozelandesi presero più di 300 prigionieri, riportando che...diciotto ufficiali italiani, cinque tedeschi di truppa e trecento altri italiani sono stati portati via. Questi soldati

Tunisia 1943

appartenevano al I battaglione del 66° reggimento di Fanteria, Divisione Trieste, e alla Divisione 'Folgore', due compagnie della quale avevano rinforzato la guarnigione e, per giudizio generale, furono i migliori combattenti italiani che i maori avessero mai incontrato[7].

Quanto ai neozelandesi, il Battaglione Maori subì 116 perdite, il 21° Battaglione 171 e il 23° Battaglione 116; inoltre, altri reparti della 5ª Brigata ebbero ulteriori perdite, per un totale di 459 uomini[8].

Per il valore dimostrato sul campo, fu concessa la Medaglia d'Argento al Valor Militare, ai capitani Mario Politi, Carlo Lombardini, Gastone Giacomini, Francesco Sardo, al tenente cappellano don Giuseppe Maccatiello, ai sottotenenti Delfo Filetti ed Elios Forunato, al caporal maggiore Rocco Sessa, al paracadutista Daniele Capponi.

I combattimenti lungo il settore costiero

In quella stessa giornata del 22 aprile, il comando dell'8ª armata inglese decise di spostare gli attacchi lungo la fascia costiera impegnando i reparti della divisione *Giovani Fascisti* e della *Trieste*, ben trincerati sulle loro posizioni e quelli della *Pistoia*, esausti dai precedenti combattimenti. In generale, l'armata di Montgomery sospese i suoi attacchi, limitandosi ad alcune azioni locali.

Postazione difensiva della divisione *Giovani Fascisti* nel settore costiero di Enfidaville, con un cannone anticarro da 47/32, aprile 1943 (USSME).

Fanti della divisione *Pistoia* con mitragliatrici *Breda 30* su una postazione difensiva sul fronte tunisino (USSME).

Tra il 27 ed il 29 aprile, le forze alleate tentarono infatti di penetrare lungo la costa: ancora una volta i nostri soldati mantennero saldamente le posizioni. Gli attacchi si protrassero fino al pomeriggio del 30 aprile, in particolare contro il settore difeso dalla divisione *Giovani Fascisti*, i cui reparti riuscirono sempre a ributtare le forze nemiche sulle posizioni di partenza. Con questi ultimi sterili attacchi lanciati dai reparti britannici, si concluse la prima battaglia di Enfidaville, con un nuovo brillante successo difensivo da parte della 1ª armata italiana.

Tunisia 1943

Gli attacchi a nord

Il generale Alexander aveva deciso infatti di concentrare lo sforzo principale a nord e quindi sospendere gli inutili e sterili attacchi contro la 1ª armata di Messe. L'attenzione fu quindi rivolta contro la *5.Panzerarmee* agli ordini del *General der Panzertruppe* Gustav von Vaerst, che pur sottoposta fino a quel momento ad una forte pressione nemica, non aveva subito nessun attacco in forze. La nuova offensiva, denominata in codice operazione *Vulcan*, iniziò il 22 aprile, preceduta come al solito da un massiccio bombardamento da parte dell'artiglieria e dell'aviazione alleate.

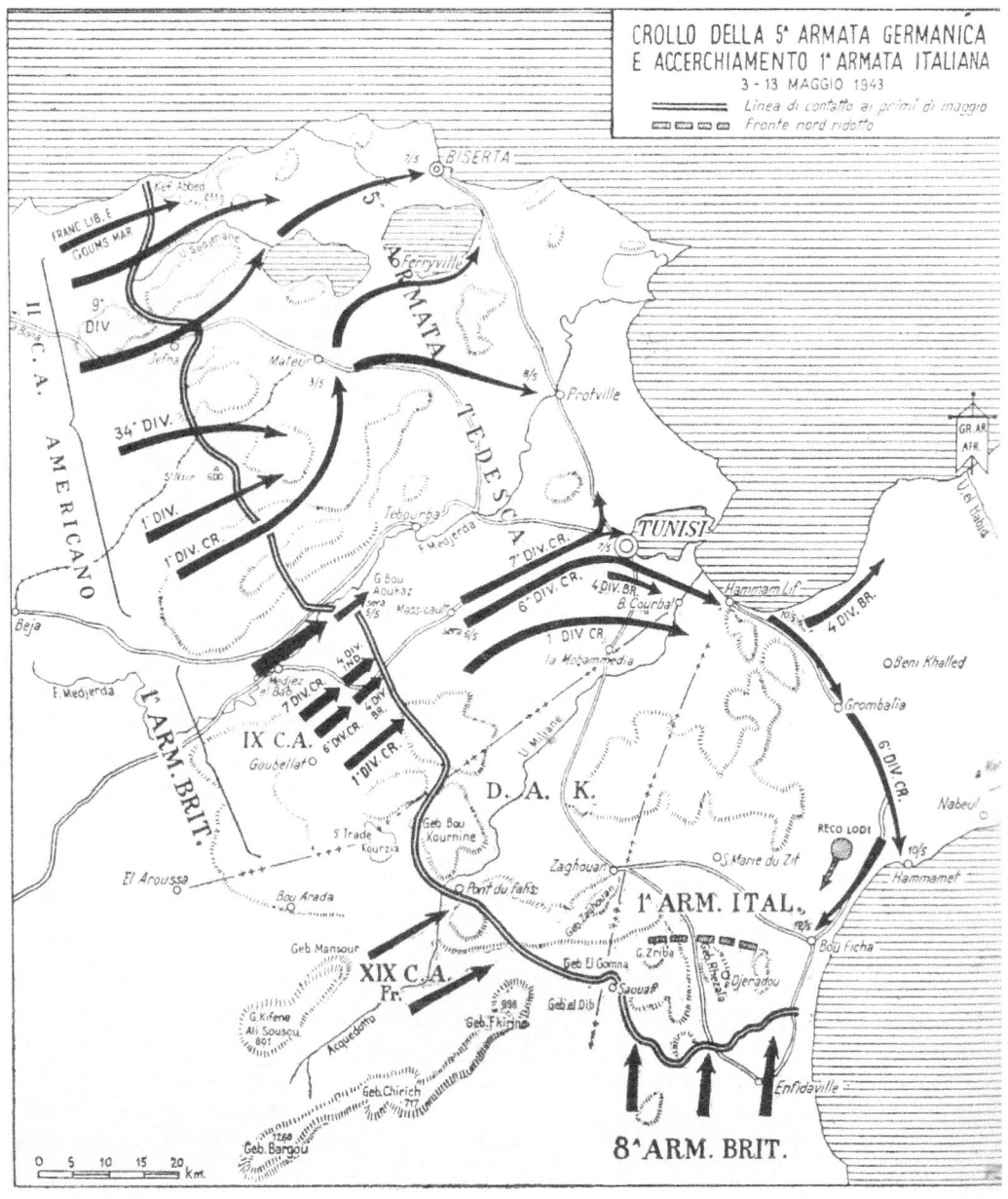

Mappa delle operazioni 3-13 maggio 1943 (da G. Messe, "*La mia Armata in Tunisia*", pag. 248).

Tunisia 1943

Malgrado il grosso dispiegamento di forze, l'offensiva si arenò quasi subito, trasformandosi in una serie di combattimenti locali senza alcun coordinamento. Ad esempio il 2° corpo americano (*US II Corps*) del generale Omar Bradley, schierato a nord, non riuscì a penetrare le linee nemiche, mentre il 5° corpo britannico (*V Corps*) fu costretto addirittura a cedere terreno dopo alcuni contrattacchi lanciati dai reparti dell'Asse. Il 9° corpo britannico (*IX Corps*) ed il 19° corpo francese erano avanzati di pochi chilometri per poi restare bloccati di fronte alle nuove posizioni occupate dai reparti tedeschi e italiani.

Fallschirmjäger tedeschi su una postazione difensiva con una *MG-34*.

Una postazione difensiva tedesca con un pezzo *Flak*, 1943.

Il generale Alexander voleva a tutti i costi concludere la campagna in Tunisia entro il 15 maggio, consapevole che le forze dell'Asse erano a corto di munizioni e rifornimenti e quindi non potevano resistere a lungo. Grazie alla decrittazione dei messaggi *Enigma* sapeva che al 24 aprile, le forze italo-tedesche contavano ancora 60.000 combattenti, con 100 carri e 115 aerei, senza possibilità di ricevere rinforzi, mentre da parte alleata c'erano 300.000 uomini, 1.400 carri e 3.240 aerei. Tuttavia, fino al 30 aprile, i contrattacchi dell'Asse proseguirono senza tregua, anche se la *5.Panzerarmee* fosse praticamente senza munizioni e senza carburante.

Tunisia 1943

Operazione Strike

Un gruppo di soldati tedeschi si arrende ai britannici. Sulla destra un carro *M3 Stuart*, maggio 1943 (IWM).

Soldati tedeschi si preparano ad entrare in azione, 1943.

Reparti della 4ª divisione indiana in marcia, maggio 1943.

Alexander decise quindi di lanciare l'offensiva finale lungo la direttrice Medjez-el-Bab – Massicault -Tunisi, impegnando per lo sforzo principale il 9° corpo britannico, che avrebbe attaccato con due divisioni di fanteria in avanti, su un fronte d'attacco di soli 2.500 metri, seguite da due divisioni corazzate. Al solito, ci sarebbe stato un massiccio appoggio dell'artiglieria, con almeno 400 pezzi e dell'aviazione. La nuova operazione fu denominata *Strike* e fu lanciata il 6 maggio 1943. A partire già dal tramonto del 5 maggio fino al tramonto del giorno dopo, l'aviazione alleata effettuò 1.958 attacchi, aprendo un'ampia breccia nella quale si tuffarono i reparti della 4ª divisione indiana e della 4ª divisione inglese, che già a mezzogiorno del 6 maggio, avevano conquistato tutti i loro obiettivi. I reparti corazzati della 6ª e 7ª divisione corazzata, superarono i reparti di fanteria ed andarono ad annientare ciò che restava della *15.Panzer-Division*. Nel primo pomeriggio del 7 maggio, i reparti della 22ª brigata corazzata della 7ª divisione entrarono a Tunisi, senza incontrare resistenza.

Tunisia 1943

Il generale von Arnim fotografato subito dopo la resa alle forze britanniche, il 12 maggio 1943.

Il generale von Vaerst impartisce gli ultimi ordini, 1943.

Soldati tedeschi dopo la resa in Tunisia, maggio 1943.

Questo perché, dopo essersi limitati a distruggere le installazioni portuali e militari, i resti della 5.*Panzerarmee* e del *Deutsche Afrika Korps*, si ritirarono verso la penisola di Capo Bon, per un'ultima resistenza. Nello stesso tempo più a nord, la 9ª divisione di fanteria americana entrò a Biserta. Nei due giorni successivi, tra l'8 ed il 9 maggio, la situazione precipitò e alle 12:00 del 9 maggio 1943, il generale von Vaerst accettò la resa senza condizioni. L'11 maggio, cadde anche il fronte difeso dai resti del *Deutsche Afrika Korps*, comprendente alcuni *Kampfgruppen* della 10. e della 21.Pz.Div. Anche i resti della divisione *Superga*, dopo essere stati circondati dai britannici, si arresero al mattino del 12 maggio. Il generale von Arnim, comandante dell'*Heeresgruppe Afrika*, si arrese con il suo stato maggiore ai reparti della 4ª divisione indiana in quella stessa giornata.

"...gli elementi italiani inseriti nella 5ª armata ed operanti nell'estremo settore nord (5° e 10° bersaglieri, battaglione Bafile *del reggimento* San Marco*), continuarono a lottare anche dopo la resa dei tedeschi fino al completo esaurimento delle munizioni. A sud, la 1ª armata, rimasta salda sulle*

proprie posizioni, si organizzava a 'ridotto', accingendosi, sdegnosa a ogni invito di resa, a fronteggiare con fermezza gli attacchi che l'8ª armata britannica riprendeva a sferrare..."[(9)].

Postazione difensiva nel settore di Enfidaville con una mitragliatrice francese *Hotchkiss* da 8mm, servita da un soldato della *Pistoia* e da un soldato della 164ª divisione tedesca, maggio 1943 (USSME).

La seconda battaglia di Enfidaville

Restavano ancora i resti della 1ª armata italiana nel settore di Enfidaville. L'8 maggio, il generale Messe comunicò nel corso di una riunione ai suoi comandanti di reparto, che qualunque cosa fosse accaduto altrove, la sua armata doveva restare sulle sue posizioni e difenderle fino all'estremo limite delle sue possibilità. Decise quindi di creare una specie di 'ridotto' nella zona montuosa intorno a Enfidaville, dislocando la 164ª divisione tedesca, la divisione *Trieste* e la divisione *Giovani Fascisti* a sud, la 90ª leggera sul fianco orientale, la divisione *Pistoia* sul fronte settentrionale e la divisione *La Spezia* sul fianco occidentale.

Il 9 maggio, iniziava ufficialmente la seconda battaglia di Enfidaville. Nella notte tra l'11 ed il 12 maggio, i reparti della divisione *La Spezia* completarono il loro

Soldati tedeschi si arrendono nel settore di Enfidaville, maggio 1943.

movimento rotatorio verso nord-ovest per andare a formare il fronte occidentale del ridotto. A scardinare il nuovo fronte difensivo ci pensarono però gli stessi reparti tedeschi, che alla notizia della resa dei loro camerati più a nord, decisero di arrendersi consegnandosi al nemico, mentre tutti i reparti italiani continuarono a restare al loro posto. Nella serata dell'11 maggio, Mussolini inviò al generale Messe il seguente messaggio: *"Tutti gli italiani seguono ammirati e fieri le pagine di storia che la Prima Armata sta scrivendo. Il paese sarà superbo nei secoli della gloria che irradia, per virtù di capi e di gregari, dall'ultimo lembo d'Africa oggi in nostro possesso. Con soldati come quelli della Prima Armata la Patria può contare sicuramente sul suo avvenire"*.

Tunisia 1943

Il Maresciallo Messe a colloquio con Montgomery, subito dopo la resa, maggio 1943.

Un gruppo di prigionieri italiani sorvegliati da guardie tunisine, maggio 1943.

Nella mattinata del 12 maggio, Messe a sua volta inviò un messaggio al Comando Supremo italiano, sottolineando che la sua Armata non poteva resistere a lungo: "*La Prima Armata, cui la sorte ha serbato il privilegio di restare ultima e sola a difendere il tricolore in terra d'Africa, continuerà fino all'estremo. Il nemico ormai preme da tutte le direzioni. La situazione generale, l'enorme sproporzione delle forze ed il progressivo esaurimento delle munizioni di artiglieria, lasciano prevedere che la resistenza non potrà protrarsi a lungo*".

Alle 11:15 del 12 maggio 1943, Mussolini inviò un nuovo messaggio a Messe per lasciargli carta bianca ed eventualmente trattare la resa: "*Poiché gli scopi della resistenza possono considerarsi raggiunti, lascio V.E. libera accettare onorevole resa. A voi e agli eroici superstiti della Prima Armata rinnovo il mio ammirato vivissimo elogio*".

Note

[1] La divisione '*Centauro*', schierata a Gafsa fu attaccata dall'intero II Corpo statunitense, resistendo alle forze nemiche soverchianti per ben 12 giorni, finché il 31 marzo non fu sostituita in linea dalla 21.*Panzer-Division*. Nonostante avesse mantenuto le sue posizioni, il 7 aprile 1943 la '*Centauro*' nei pressi di El Guettar fu praticamente annientata, quindi i suoi reparti bersaglieri furono aggregati al *Kampfgruppe Manteuffel* ed i carri, sempre sotto comando italiano, alla 10.*Panzer-Division* nel Raggruppamento corazzato '*Piscicelli*'.

[2] Paolo Morisi, "*La divisione paracadutisti 'Folgore': operazioni in Nord Africa, 1942-1943*", pagina 279.

[3] Paolo Morisi, "*La divisione paracadutisti 'Folgore': operazioni in Nord Africa, 1942-1943*", pag. 286-287.

[4] Ufficio Storico. Divisione Trieste. Relazione del Generale Francesco La Ferla, comandante della divisione Trieste, "*Il combattimento di Takrouna*", 24 aprile 1943, p.4.

[5] Giovanni Messe, "*La mia Armata in Tunisia*", pag. 271.

[6] Salvatore Loi, "*Aggredisci e vincerai, storia della divisione motorizzata Trieste*", pag. 95.

[7] Paolo Morisi, "*La divisione paracadutisti 'Folgore': operazioni in Nord Africa, 1942-1943*", pag. 296.

[8] Paolo Morisi, "*La divisione paracadutisti 'Folgore': operazioni in Nord Africa, 1942-1943*", pag. 296.

[9] Salvatore Loi, "*Aggredisci e vincerai, storia della divisione motorizzata Trieste*", pag. 99.

Bibliografia essenziale

Libri

AA.VV., "*Africa settentrionale: volume 4, la Tunisia e la fine della campagna in Nordafrica*", Serie Soldati e Battaglie della Seconda Guerra Mondiale, Hobby & Work editrice

Massimiliano Afiero & Ralph Riccio, "*Luck was lacking, but Valor was not, the Italian Army in North Africa, 1940-1943*", Helion & Company Limited

Rick Atkinson, "*Un esercito all'alba*", Mondadori

Paul Carell, "*Le volpi del deserto*", BUR

Orazio Ferrara, "*Tunisia, quando gli italiani stupirono il mondo*", Delta editrice

John Healey, "*Panzers in North Africa*", Concord Publications Company

Basil H. Liddell Hart, "*Storia militare della seconda guerra mondiale*", Mondadori

Luigi Emilio Longo, "*Immagini della Seconda Guerra Mondiale. La campagna di Tunisia (1942-1943)*", Ufficio Storico dello Stato Maggiore dell'Esercito

Mario Montanari, "*Le operazioni in Africa Settentrionale, Vol. IV – Enfidaville*", Ufficio Storico dello Stato Maggiore dell'Esercito

Paolo Morisi, "*La divisione paracadutisti 'Folgore': operazioni in Nord Africa, 1942-1943*", LEG

Gordon L. Rottman, "*M3 Medium Tank Vs Panzer III: Kasserine Pass 1943*", Osprey Publishing

Nico Sgarlato, "*Italiani in Tunisia*", Delta Editrice

Steven J. Zaloga, "*Kasserine 1943*", Osprey Publishing

Riviste

Rivista "*Fronti di Guerra*", bimestrale di storia militare edito dall'Associazione Culturale Ritterkreuz

INDICE

Tunisia 1943 5
Cap. I) Fronte tunisino..7
   L'impiego delle forze italiane in Tunisia 9
   L'arrivo di Messe..12
   Le forze in campo 14
   Cambio di strategia 16
Cap. II) Il piano di Rommel...18
   Operazione Frühlingswind 19
Cap. III) Prosegue la battaglia 23
   Il contrattacco americano 25
   La conquista di Sbeitla 29
Cap. IV) Nuovi piani di attacco...31
   I combattimenti per il passo di Kasserine 35
Cap. V) La battaglia di Medenine..45
   La linea del Mareth 48
   I paracadutisti della Folgore..49
   Operazione Pugilist..50
   Operazione Supercharge II 52
   La battaglia di El Guettar 54
   La battaglia dell'Uadi Akarit 57
Cap. VI) La linea di Enfidaville 61
   La prima battaglia di Enfidaville 63
   Situazione disperata..67
   Takrouna è ancora tenuta dagli italiani 69
   L'ultimo assalto..71
   I combattimenti lungo il settore costiero 74
   Gli attacchi a nord..75
   Operazione Strike...77
   La seconda battaglia di Enfidaville 79
Bibliografia essenziale 81

www.ingramcontent.com/pod-product-compliance
Lightning Source LLC
LaVergne TN
LVHW081453060526
838201LV00050BA/1787